El Siglo de las Luces

Una Fascinante Guía sobre la Era de la Razón, incluyendo las vidas de Isaac Newton, Francis Bacon, John Locke y Mary Somerville

© Copyright 2020

Todos los derechos reservados. Ninguna parte de este libro puede ser reproducida de forma alguna sin el permiso del autor por escrito. Los críticos del libro pueden citar brevemente pasajes en sus reseñas.

Descargo de responsabilidad: Ninguna parte de esta publicación puede ser reproducida o transmitida de ninguna forma o por ningún medio, mecánico o electrónico, incluyendo fotocopias o grabaciones, o por ningún sistema de almacenamiento y recuperación de información, o transmitida por correo electrónico sin el permiso escrito del editor.

Si bien se ha hecho todo lo posible por verificar la información proporcionada en esta publicación, ni el autor ni el editor asumen responsabilidad alguna por los errores, omisiones o interpretaciones contrarias al tema aquí tratado.

Este libro tiene como única finalidad el entretenimiento. Las opiniones expresadas son exclusivamente las del autor y no deben tomarse como instrucciones u órdenes de expertos. El lector es responsable de sus propias acciones.

La adhesión a todas las leyes y regulaciones aplicables, incluyendo las leyes internacionales, federales, estatales y locales que rigen la concesión de licencias profesionales, prácticas comerciales, publicidad y todos los restantes aspectos referidos a las prácticas de negocios en EE. UU., Canadá, Reino Unido o cualquier otra jurisdicción son responsabilidad exclusiva del comprador o el lector.

Ni el autor ni el editor asumen responsabilidad alguna en nombre del comprador o lector de estos materiales. Cualquier desaire que pueda percibirse hacia cualquier individuo u organización es puramente involuntario.

Índice de Contenidos

INTRODUCCIÓN 1

CAPÍTULO 1 - LA REPÚBLICA DE LAS LETRAS..4

CAPÍTULO 2 - MICHEL DE MONTAIGNE..8

CAPÍTULO 3 - FRANCIS BACON 13

CAPÍTULO 4 - MARIE DE GOURNAY..17

CAPÍTULO 5 - RENÉ DESCARTES...21

CAPÍTULO 6 - BATHSUA MAKIN 26

CAPÍTULO 7 - ANNA MARIA VAN SCHURMAN 30

CAPÍTULO 8 - DOROTHY MOORE 35

CAPÍTULO 9 - PRINCESA ISABEL DE BOHEMIA..39

CAPÍTULO 10 - ROBERT BOYLE 42

CAPÍTULO 11- JOHN LOCKE...47

CAPÍTULO 12 - ISAAC NEWTON 51

CAPÍTULO 13 - LA GUERRA CIVIL INGLESA..55

CAPÍTULO 14 - LA SOCIEDAD REAL DE LONDRES 60

CAPÍTULO 15 - MARIE DU MOULIN 64

CAPÍTULO 16 - CONFLICTO EN LA SOCIEDAD REAL...............................68

CAPÍTULO 17 - CHARLES-LOUIS DE SECONDAT (MONTESQUIEU)....73

CAPÍTULO 18 - REFORMAS SOCIALES Y LAS CASAS DE TRABAJO.......77

CAPÍTULO 19 - BENJAMIN FRANKLIN...83

CAPÍTULO 20 - DAVID HUME...88

CAPÍTULO 21 - ADAM SMITH...93

CAPÍTULO 22- LA FIESTA DEL TÉ DE BOSTON...98

CAPÍTULO 23 - THOMAS PAINE 101

CAPÍTULO 24 - LA REVOLUCIÓN AMERICANA 105

CAPÍTULO 25 - FRANÇOIS-MARIE AROUET (VOLTAIRE).....................109

CAPÍTULO - MARY SOMERVILLE...114

EPÍLOGO 118

Introducción

El Siglo de las Luces (también conocido como la edad de la Razón) fue un movimiento filosófico e intelectual que tuvo lugar principalmente en Europa, y posteriormente en América del Norte, en los siglos XVII y XVIII. Las personas creyentes en el espíritu de la época opinaban que tras los siglos transcurridos en la llamada Edad Oscura (también conocida como Edad Media), después del colapso del antiguo Imperio romano, el intelecto y la cultura humana ilustrada habían reaparecido. En las revoluciones y constituciones francesas y americanas, la filosofía de esta nueva era sería altamente influyente y educativa.

La Ilustración estuvo muy influenciada por la precedente Revolución Científica y, antes de esto, por el Renacimiento. Cada época, comenzando con el Renacimiento europeo en el siglo XIV, y posteriormente la Revolución Científica en el siglo XVI, llevó a los europeos a crear una nueva cultura en la que una educación superior y las artes se valorarían por encima cualquier otro esfuerzo. La educación regular se extendió por todo el continente, comenzando principalmente en las familias ricas, pero se extendería de forma lenta también entre los hijos de familias agrícolas y de clase baja.

A partir del siglo XIV, los aristócratas europeos favorecieron una educación clásica que se remontaba a los días del gobierno del

Imperio romano. Creyendo que los griegos y los romanos eran los epítomes de la cultura intelectual, muchos europeos quisieron retornar a esa era de arte e intelectualidad, y así surgiría el Renacimiento. Desde Irlanda hasta Rusia, la arquitectura de estilo griego y romano floreció junto a las lecciones de ingeniería y matemáticas. Unos siglos más tarde, era imposible ignorar el hecho de que la ciencia se había convertido en un oficio básico. Con la ayuda de Galileo Galilei, Isaac Newton y muchos otros filósofos de la naturaleza, la Revolución Científica transformó la forma en que un mundo religioso en su casi totalidad abordaba tanto las cuestiones existenciales como las lógicas.

La vida de un científico eminente durante la Revolución Científica y la subsiguiente Ilustración no era fácil. En nombre de la Iglesia católica muchas personas eruditas y con ambiciones fueron asesinadas debido a sus trabajos científicos y filosóficos, que a menudo eran considerados como heréticos. Sin embargo, con el paso del tiempo, y las verdades de la investigación y la exploración científica mostrándose una y otra vez, el punto de vista colectivo de la población comenzó a alejarse del dogma religioso para aproximarse hacia el método científico lógico.

La Ilustración ganó fuerza en el siglo XVII, y se dio un mayor énfasis a las técnicas científicas en las escuelas, así como a la separación de los asuntos religiosos y científicos. Las filosofías religiosas se tornaron también menos arraigadas según palabras exactas de la Iglesia católica, ya que la autoridad papal había dado paso en muchos países europeos a grupos escindidos del cristianismo, como los calvinistas, luteranos y otros tipos de protestantismo.

Las principales figuras del período de la Ilustración incluyen a Voltaire, Isaac Newton, John Locke, Thomas Hobbes, David Hume, Jean-Jacques Rousseau, Adam Smith, Immanuel Kant y Thomas Jefferson. Estos, y muchos otros grandes pensadores de la época influyeron en la agitación social de las masas en la búsqueda de la igualdad y de los derechos humanos, y muchos historiadores consideran a la Revolución francesa de 1789 como la culminación de estos esfuerzos.

Capítulo 1 – La República de las Letras

(Siglos XVII y XVIII)

El ascenso de Europa desde la Edad Media fue caracterizado por la generalización de la educación, y la expansión de las ciencias y de las reformas religiosas. El mosaico de países, ducados y principados que componían el continente cambió a toda velocidad durante el siglo XVI, a medida que los exploradores descubrían mundos completamente nuevos y los científicos hallaban los fundamentos de la vida física tal y como se conocía. Aunque la información solo podía viajar tan rápido como lo hiciera un caballo o un barco correo, la comunicación formó parte integral de la difusión de las revelaciones científicas, la colonización geográfica, las leyes religiosas y la política. Para facilitar la difusión de las noticias más importantes de la época, hombres educados y de mentalidad filosófica crearían la República de las Letras.

El término "hombres" no es utilizado a la ligera; la comunidad estaba formada principalmente por aristócratas varones, a causa de las limitaciones sociales propias de las mujeres y de aquellos que poseían pocos medios. A las féminas miembros de la sociedad europea rara vez se les permitieron las mismas oportunidades educativas y profesionales que a sus homólogos masculinos y, por lo tanto, la República de las Letras fue casi exclusivamente dominio de los hombres. Sin embargo, hubo algunas excepciones importantes, entre ellas la Princesa Isabel de Bohemia, Anna Maria van Schurman, Marie de Gournay, Lady Ranelagh, Marie du Moulin, Dorothy Moore, Bathsua Makin y Katherine Jones.

Por el contrario, innumerables hombres participaron en la República de las Letras y en la Ilustración en general, aunque entre ellos solo se incluyeron por lo general hijos de familias ricas. Participaron desde René Descartes e Isaac Newton hasta Benjamin Franklin y Adam Smith. Con un acceso fácil a empleos políticos, funciones diplomáticas importantes en las cortes de sus monarcas, y con pleno derecho a hablar en público y a publicar libros utilizando su propio nombre, los varones estaban destinados a formar el grueso de la Ilustración, al igual que lo habían hecho en el Renacimiento. Afortunadamente, los ideales filosóficos de la Ilustración ayudarían a las mujeres y los pobres a liberarse de algunas de sus restricciones sociales.

La República de las Letras era una red de larga distancia que conectaba a los intelectuales de Europa y América a través de los siglos de la Ilustración. La red promovió las comunicaciones entre los científicos, teólogos y filósofos de la época para que cada uno pudiera permanecer al día sobre temas como astronomía, química y protestantismo. En el siglo XVII, la República de las Letras fue nada menos que una autoproclamada sociedad de académicos y figuras literarias extendiéndose más allá de las fronteras nacionales, pero respetando las diferencias entre lengua y cultura.

La primera aparición documentada del término "República de las Letras" tiene lugar en latín en una carta de Francesco Barbaro a Poggio Bracciolini. Barbaro fue un exitoso político veneciano que tradujo muchos manuscritos griegos importantes al latín; Bracciolini el responsable de salvar muchos de esos manuscritos originales de los olvidados rincones de las bibliotecas monásticas europeas. La carta de Barbaro, fechada el 6 de julio de 1417, elogiaba a Bracciolini por "proporcionar a esta República de las Letras el mayor número de ayudas y equipos".[1]

Los tiempos de Barbaro y Bracciolini, todavía eran los del Renacimiento temprano, cuando la educación clásica estaba volviendo a ponerse de moda en toda Europa y, con ella, un profundo amor y respeto por el conocimiento. Gracias en gran parte al trabajo de estos dos eruditos italianos, las lenguas griega y latina florecerían durante otros cuatro siglos. Las cartas personales durante esta época se escribían a menudo como si se dirigieran a todo un grupo de personas en lugar de a un solo destinatario, ya que la correspondencia considerada importante se reenviaba muchas veces para llegar a varias personas. De tal manera, era fácil mantener una línea de comunicación que incluyera a docenas de escritores y destinatarios. Las cartas eran escritas normalmente en latín o francés en los primeros años de la red, pero pronto surgió una importante demanda de traducciones y obras originales en alemán y holandés.

En la República de Letras del siglo XVII, no solo se intercambiaban cartas escritas a mano, sino también documentos, panfletos y volantes. Para los hombres de la República se consideraba un deber ampliar la comunidad reclutando a personas de ideas afines y transmitiendo los documentos existentes. Varias personas crearon diarios impresos para hacerlos circular a través de la red, entre ellos el *Journal des Sçavans* y *Nouvelles de le république des lettres*. Las revistas, al ser más cortas y ligeras que los libros e igualmente, más rápidas de escribir y producir, revolucionaron la difusión de la información intelectual y fueron enviadas con comentarios y notas individuales a través las redes postales.

Aunque la publicación de revistas satisfacía el deseo de información de la mayoría de los miembros de la República de Letras, seguían siendo más lentas que las cartas particulares. Por tanto, las revistas no reemplazaron el intercambio de cartas, sino que

---

[1] Van Miert, Dirk. "What was the Republic of Letters?" University of Groningen Press.

simplemente lo complementaron. Un resultado adicional de la publicación de revistas fue la ampliación del número de lectores y la curiosidad por la información científica entre los países de Europa, así como de América del Norte. Las ideas contemporáneas sobre medicina, física y otras materias similares comenzaron a ser consumidas por personas mucho más instruidas como nunca antes, lo que alimentó el interés de la sociedad en la ciencia y en su conjunto, supondrían una enorme influencia en la Ilustración.

En cierto modo, las redes de escritura de cartas de la Ilustración abrieron los temas científicos, teológicos y filosóficos a una audiencia que de otra manera habría tenido poca información sobre los mismos. La ciencia se convirtió en un interés común y en un hobby de muchas personas que no necesariamente habían asistido a la universidad o seguido alguna carrera en un campo relacionado. Como interesante efecto secundario de la difusión de los conocimientos científicos en toda Europa, las potencias religiosas comenzaron a perder su estrecho control en el continente.

Capítulo 2 – Michel de Montaigne

(1533-1592)

Nacido en Francia, Michel de Montaigne fue un intelectual y ensayista que creció decepcionado por el declive del Renacimiento europeo. Mientras que los años anteriores a su nacimiento, Francia y otros países se habían llenado de esperanza y planes para las ciencias y la literatura de la época, esa emoción se calmaría significativamente durante la vida de Montaigne. Creyendo que el mundo todavía estaba muy necesitado de nuevas ideas y de una educación superior, Montaigne se dedicó a la producción de ensayos en los que examinaba sus propias características y su humanidad. Estos autorretratos, como muchos los llaman, fueron diseñados para ayudar a los lectores a aprender más acerca de su propio carácter y sobre las formas en que se asemejan a sus semejantes.

Montaigne, fue enseñado en casa durante su infancia. Recibió una educación clásica en la que su única lengua de instrucción fue el latín; de hecho, Montaigne no recibiría lecciones en su lengua vernácula hasta la edad de seis años.

Cuando Montaigne alcanzó la edad apropiada, continuó sus estudios en el Collège de Guyenne. Desafortunadamente, allí se encontró con un régimen de estricta disciplina que le pareció hostil e improductivo. Se trasladó a la Universidad de Toulouse para estudiar derecho y obtuvo un título que le permitiría seguir los pasos de su familia como funcionario. En 1557, se convirtió en miembro del Parlamento de Burdeos, uno de los ocho Parlamentos regionales que constituían el Parlamento francés.

Fue tras labrarse una carrera dentro del gobierno francés cuando Montaigne comenzó a explorar sus habilidades de escritura. En parte se inspiró en su amistad con el escritor y funcionario humanista más antiguo, Étienne de la Boétie, para quien Montaigne escribió uno de sus primeros ensayos, "Sobre la amistad".

Montaigne escribió de una forma muy conmovedora sobre su relación con la Boetie, que posiblemente se tratara de una especie de tutela. Según el autor, la relación no solo era ideal para la pareja, sino mejor que el resto de relaciones humanas en las que Montaigne pudiera pensar. La suya era claramente una alianza productiva y satisfactoria, ya que no solo la Boétie y él podían intercambiar ideas sobre su trabajo en el Parlamento francés, además podían discutir y teorizar sobre el estado de la condición humana en relación con la religión y la política gubernamental.

La Boétie falleció en 1563, dejando atrás a su joven amigo sufrimiento terriblemente.[2] Aunque el humanista y erudito dejó un hueco en la vida de Montaigne que ningún otro ser podía llenar, los historiadores piensan que tal evento le llevaría a dedicarse a la escritura a tiempo completo. Seis años tras la muerte de su querido amigo, Montaigne puso la pluma sobre el papel para tratar de descifrar por sí mismo los misterios de la vida y la pérdida.

Mientras Montaigne se concentraba en su trabajo, su padre le pidió que tradujera un libro de filosofía natural escrito por Raimundo de Sebunde, un monje español. Lamentablemente, el anciano Montaigne murió antes de que la obra pudiera ser publicada, pero su hijo la entregó a la prensa en 1569. El resultado fue *Apología de Raimundo*

---

2 Calhoun, Alison. Montaigne and the Lives of the Philosophers. 2014.

de Sabunde, un libro en el que Montaigne defiende la postura del primer autor en su creencia de que la ciencia no puede explicar adecuadamente los asuntos de la religión.

Al año siguiente, Montaigne se retiró del Parlamento de Burdeos vendiendo su escaño, lo que era perfectamente legal en aquel momento. Preparándose para mudarse al castillo de su padre, que le había sido legado en el testamento, hizo que la obra inédita de Boétie fuera enviada a la imprenta y se mudó de nuevo al sudoeste de Francia, donde se encontraba la casa de la familia Montaigne. Se instaló en el castillo y se dedicó a convertirse en un peso pesado de la literatura francesa.

Montaigne comenzó a trabajar en una biblioteca repleta de libros escritos en griego y latín, los mismos que había utilizado durante su educación primaria. Fue una época tumultuosa en Francia, ya que Enrique III acababa de heredar la corona de Francia de su hermano, Carlos IX, y mantenía una relación tensa con Enrique IV, rey de Navarra. Navarra era un pequeño, pero políticamente poderoso reino situado entre Francia y España, y bajo el gobierno de Enrique IV, una nación mayoritariamente protestante. Enrique III era un católico romano incondicional, y los dos monarcas se encontraban en desacuerdo porque el rey de Navarra heredaría el trono de Francia debido a su relación familiar con Enrique III. Para calmar la situación política, Enrique IV prometió convertirse al catolicismo a la muerte de su homólogo.

En cuanto a los *Ensayos* del católico Montaigne, se ganaron el respeto manifiesto de ambos reyes, aunque existieron muchos extremistas religiosos y políticos que criticaron al autor abiertamente. Sus críticas se basaron en los numerosos capítulos de los *Ensayos* de Montaigne, escritos entre 1570, y 1592 y publicados por primera vez en 1580. Escritos en la lengua vernácula francesa, a pesar de que el autor fue educado para respetar solo la obra latina y griega, el proclamado propósito de los *Ensayos* era el de ser verdaderamente honestos y transparentes. A través de sus escritos, que se convirtieron en extremadamente populares, Montaigne expresó su comprensión de la naturaleza humana, algo que entusiasmó a sus lectores.

A pesar de sus muchos intentos por encontrar iluminación sobre el asunto de la vida y la naturaleza, Montaigne no encontraría nunca una respuesta satisfactoria a sus propias investigaciones o preguntas existenciales. Desconfiaba de la información existente que él estudiaba pero que no podía ofrecer una alternativa razonable dentro de la lógica y la ciencia. Finalmente concluyó que mientras los humanos son finitos y están limitados por sus propias restricciones físicas, la verdad es infinita. Por lo tanto, la capacidad humana para comprender plenamente las muchas verdades del universo es extremadamente defectuosa.

Enfrentándose a indeseados críticos dentro de Francia, y completamente cansado de la escena intelectual de su país natal, Montaigne se embarcó en un viaje a través de varios otros países europeos a partir de 1580. Durante quince meses, el ensayista visitó otras ciudades francesas, así como lugares de Alemania, Austria, Suiza e Italia. Curioso por naturaleza, Montaigne estaba muy interesado en los pequeños detalles de la vida cotidiana dentro de estas comunidades extranjeras. Dentro de esos nuevos entornos, indagó pistas para su eterna búsqueda de la verdad. Su recorrido, escrito en su *Diario de viajes*, incluía emocionantes representaciones de pintorescas escenas, encuentros con gente nueva, y afectuosos recuerdos. Se trataba de un diario personal y no se publicaría hasta después de la muerte de Montaigne.

Tras su largo viaje, Montaigne fue nombrado alcalde de Burdeos, convencido para volver por la insistencia del propio rey Enrique III. Sirvió como alcalde durante dos mandatos antes de dedicarse una vez más a escribir. El ambiente político de Francia se estaba volviendo más tenso durante ese período, y el autor sería arrestado por miembros de la Liga Protestante en París, aunque pronto se le permitió volver a casa. Publicó con pasión múltiples capítulos de sus *Ensayos* entre sus trabajos como negociador diplomático entre los reyes católicos y protestantes.

Los últimos años de la vida de Montaigne se caracterizaron por un trabajo diplomático continuo, que no siempre tuvo éxito. Tras el asesinato de Enrique III en 1589, contribuyó a facilitar el traspaso de poder a Enrique IV, quien, a pesar de su promesa anterior de hacerse católico, se aferró a su educación protestante.[3] El destacado ensayista murió en 1592, tras haber conocido recientemente a una de sus más fervientes admiradoras, Marie de Gournay. Ella le ayudaría a continuar con su legado y a explorar más a fondo los misterios de la existencia que habían formado una importante parte de la vida del autor.

---

3 "Michel de Montaigne". Encyclopedia Britannica. Web

Capítulo 3 – Francis Bacon

(1561-1626)

Francis Bacon puede ser descrito como la quintaesencia del hombre del Renacimiento y una de las primeras personalidades de la Ilustración. Trabajó en política, ciencia, filosofía, e incluso escribió obras de teatro durante su carrera siendo uno de los últimos consejeros legales designados por la reina Isabel I de Inglaterra. Cuando esta murió en 1603, el nuevo rey, Jaime I de Inglaterra e Irlanda (también conocido como Jaime VI de Escocia), mantuvo a Bacon, convirtiéndolo en primer lugar en caballero del reino. A partir de 1608, Bacon sirvió oficialmente a la Corona. Primero como secretario en la Cámara de la Estrella de la judicatura especial del rey, Bacon se las arregló para mantener su buena relación con Jaime a pesar de la disputa económica del monarca con la Cámara de la Estrella y la posterior disolución del grupo.

Pese a ocupar diversos puestos en la corte, Francis Bacon arrastró unas enormes deudas que resultaron ser demasiadas como para que, aun considerando su buen salario, pudieran ser resueltas. Utilizó su reputación ante el rey para conseguir varios empleos mejores al servicio de la corona. Su carrera se disparó, y en 1617, fue nombrado Lord Alto Canciller de Inglaterra. Sin embargo, sus intereses personales no solo incluían la política sino también la ciencia. Tres años después de convertirse en la mano derecha del rey, Bacon publicó *Novum Organum, sive indicia vera de Interpretatione Naturae*, o *Nuevoorganom, o las verdaderas indicaciones sobre la interpretación de la naturaleza*. En *Novum*, esbozó una forma concreta de llevar a cabo la investigación científica que pensaba que debía convertirse en una práctica común.

El Método Baconiano, como vendría a llamarse, era de naturaleza reduccionista. Explicaba que las claves para realizar un descubrimiento científico eran la deducción y una cuidadosa investigación. Por ejemplo, si se quería descubrir la fuente de un fenómeno como la luz, se crearía una lista con todos los escenarios u objetos que se sabe que contienen luz. A continuación, se enumerarían todas las cosas que nunca sean fuente de luz, aunque pudieran ser similares en otros aspectos a las cosas de la primera lista. En la tercera lista, se deberían incluir los elementos que contienen luz en diversas circunstancias. Por último, se podría comprobar que la fuente de luz es algo común a todos los de la primera lista, ausente en todos los elementos de la segunda, y a veces activa en los elementos de la tercera.

El propósito del nuevo método científico de filosofía natural propuesto era el de mantener a la investigación y la experimentación, regladas, repetibles y lo más completas posible. Era una separación del bien establecido Método Aristotélico, en el que se animaba a los filósofos a utilizar un enfoque dialéctico en sus investigaciones. La dialéctica, al estilo de los propios escritos de Aristóteles, implicaba múltiples puntos de vista y discusiones sobre un tema antes de realizar cualquier afirmación. Sus principios se habían mantenido firmes desde el siglo IV a. C., pero con la ciencia apoderándose del mundo, métodos más normalizados como el de Francis Bacon se adaptaban mejor a la época.

Bacon tenía una razón muy buena para la búsqueda un método de investigación más limpio y sucinto, tal y como hacían todos los filósofos naturales: el deseo de obtener conclusiones imparciales. Según Francis Bacon, la naturaleza humana dirige a las personas a empezar una investigación con una idea preconcebida de cuáles serán los resultados. Por lo tanto, todo estudio y experimentación tiene como objetivo probar esa afirmación, con independencia de que el científico se dé cuenta o no. Un método científico claro podría eliminar de los datos conjuntos una enorme cantidad de información sesgada, haciendo más fiable el trabajo de los futuros científicos.

Junto con sus ideas acerca de la metodología, Bacon creó el concepto de que todo el conocimiento debe ser categorizado de forma clara para facilitar la referencia. Se dio cuenta de que una gran cantidad de información solo era útil para el mundo si se podía acceder a ella, editarla y añadirla según fuera necesario. En consecuencia, Bacon aconsejó que los asuntos conocidos fueran organizados bajo los títulos generales de historia, poesía y filosofía. Estas categorías se alineaban perfectamente con las tres características que Bacon pensaba que conformaban el pensamiento humano: memoria, imaginación y razón.

En 1621, la carrera de Bacon en el gobierno y la política llegó a su fin al ser juzgado y declarado culpable de aceptar sobornos como funcionario público. Los historiadores creen que es muy probable que aceptara regalos y dinero a cambio de favores, ya que tal comportamiento era común en la corte durante esa época. Mientras estaba bajo arresto, el deshonrado Lord Canciller escribió a su rey para pedirle perdón, quejándose de que únicamente había aceptado regalos en nombre del monarca con la intención de hacérselos llegar a Jaime I.

> Que sea del agrado de su excelentísima Majestad:
>
> En medio de mi miseria, que es más bien aliviada por el recuerdo que por la esperanza, mi principal consuelo mundano es pensar, que... era muy feliz de que mis pobres servicios fueran aceptados gentilmente por Su Majestad... Porque como le he dicho a menudo a Su Majestad, yo era para usted como

un cubo y una cisterna, para sacar y guardar, mientras que usted era la fuente.[4]

El tribunal le impuso una multa de 40.000 libras y lo envió a la Torre de Londres para cumplir pena de prisión, y aunque logró pagarla y ser liberado en pocos días, su reputación quedó arruinada.[5] Le quedaba poco que hacer excepto dedicarse a la escritura. Algunos historiadores creen que Bacon fue el verdadero genio tras las obras de William Shakespeare, pero lo que se sabe con certeza es que tuvo una profunda y duradera influencia en la filosofía y la ciencia.

El 9 de abril de 1626, Francis Bacon murió de neumonía. Dejó atrás deudas mucho mayores de lo que sus ahorros y su patrimonio podían cubrir, y, por tanto, dejó atrás poco más que una controvertida reputación y una serie de libros. Aunque Bacon había caído desde la mayor altura que podía alcanzar una persona ajena a la familia real, sus colecciones escritas sobre el método y la organización científica siguieron siendo muy populares, en Inglaterra y en las colonias americanas británicas en particular.

---

4 Carta de Francis Bacon al rey Jaime I de Inglaterra. Alrededor de 1626. Luminarium.org. Web.
5 Parris, Matthew y Maguire, Kevin. "Francis Bacon–1621". Great Parliamentary Scandals. 2004. [5] "The Broadview Anthology of Seventeenth-Century Prose". 21 March 2001.

Capítulo 4 – Marie de Gournay

(1565-1645)

Marie de Gournay no pudo pasar muchos años con Michel de Montaigne, pero, sin embargo, se convirtió en una cercana amiga al final de su vida, y es famosa principalmente por su protofeminista ensayo acerca de la igualdad de sexos. Su poco convencional estilo de vida al escribir siendo una mujer soltera fue un complemento al argumento teórico de que las mujeres y los hombres tenían igual acceso a la educación y a los cargos públicos. La enorme producción literaria que constituye la obra de Gournay atañe a una diversidad de cuestiones filosóficas.

Marie de Gournay formaba parte de una familia de la pequeña aristocracia, en la que algunos de sus parientes estuvieron dedicados al campo jurídico mientras otros eran autores. Cuando el padre de Marie compró la propiedad llamada Gournay-sur-Aronde siendo su hija era aún muy joven, se ganó el derecho de añadir "de Gournay" al nombre familiar. El hecho de mantener esa tenue relación con el tejido aristocrático francés convertía el futuro de Marie en algo mucho más brillante.

Como ávida lectora, Marie se instruyó por sí misma en una variedad de temas que compensarían una falta de educación formal que no le fue proporcionada. Su enfoque se encontraba muy influenciado por los líderes del Renacimiento y los emergentes cabecillas de la Ilustración, y, por tanto, sus estudios se centraron en literatura clásica latina, griega y francesa. A través de esta educación personal, Marie cultivó un profundo amor por los primeros escritores y poetas como Plutarco y Ronsard. Para la joven estudiante, sin embargo, ninguno era más interesante que el ensayista Michel de Montaigne.

En 1588, de Gournay tuvo el inmenso placer de conocer personalmente a Montaigne, y los dos hicieron una rápida amistad. De hecho, tras su primer encuentro, de Gournay escribió y publicó una novela titulada El paseo de Monsieur de Montaigne, sobre el amor en la obra de Plutarco. El libro exploraba el papel de la mujer en la literatura clásica y las repercusiones de esas expectativas en el mundo contemporáneo. De Gournay expresaba los temores de las jóvenes, así como las decepciones de las novias, que a menudo se ven obligadas a doblegarse a la voluntad de los hombres durante sus vidas.

La amistad de De Gournay con el maduro ensayista creció tanto que este empezó a referirse a ella como su hija adoptiva. Compartieron ideas y conversaron regularmente sobre su trabajo, tanto que cuando Montaigne murió pocos años después de su encuentro, ya había dispuesto que de Gournay se ocupara de sus obras inéditas quedándose incluso en el castillo de Burdeos propiedad de Montaigne durante un año tras su fallecimiento para cumplir con tal responsabilidad. De Gournay publicó una nueva edición de la enorme colección de ensayos de su amigo en 1595, con su propio prefacio. En años posteriores, continuaría publicando nuevas versiones editadas de la obra de Montaigne, algo que había sido intención de él.

De Gournay vivió una vida precaria y algo estresante en el París del siglo XVI tras la muerte de su mentor. Como mujer soltera que se ganaba la vida con las traducciones y la escritura, Marie era a menudo objeto de burlas entre los de su misma clase social. En el extremo contrario del espectro, el estilo de vida de Marie inspiró una gran curiosidad entre algunos círculos literarios dentro y fuera de Francia.

Atrajo tanto críticas y duros juicios, como apoyos de mujeres en la búsqueda de su propia forma de autogobierno.

De Gournay compuso sus propios ensayos, basados en gran parte en la estructura y contenido de los de Montaigne. En sus propias palabras, apoyaba la idea del libre albedrío frente a la predestinación; también impulsó un sistema educativo humanista más arraigado en las obras clásicas que en los tratados científicos. Al igual que Montaigne, de Gournay creía firmemente en la verdad fundamental y en la bondad de su religión, y aunque no se lamentaba de la existencia de la investigación científica, no quería que esta se enredara con la religión.

En 1610, de Gournay defendió a los jesuitas franceses, a los que se culpó del asesinato del Rey Enrique IV.[6] Aunque realmente el asesinato se había llevado a cabo por un fanático católico, no se pudo probar que los jesuitas católicos lo hubieran organizado. A pesar de ello, los intentos del difunto rey de fomentar la tolerancia religiosa a través de su Edicto de Nantes habían fracasado. Marie de Gournay fue muy querida por el resto de la familia real, sin embargo, continuó disfrutando del patrocinio de la esposa y consorte real de Enrique IV, la reina Margot. También mantuvo amistades con otras mujeres intelectuales de Europa, como Anna Maria van Schurman y Betsua Reginald Makin.

Gran parte de la obra de Gournay se centró en la traducción de la literatura clásica, pero también compuso poemas y ensayos. Las traducciones le hicieron ganarse la aclamación general, así como patrocinios, pero perseveró como ensayista a pesar de la menor popularidad de esos manuscritos. En 1634, publicó una colección de ensayos titulada *La sombra de la Dama de Gournay*. Al igual que Montaigne, los editaría y reelaboraría varias veces en el transcurso de los años siguientes.

La Sombra de la Dama de Gournay continuaba ahondando en la línea de su novela, ya que cuestionaba todavía más los dispares papeles del hombre y la mujer en la sociedad contemporánea.

---

6 "Enrique IV". Biografía. Web.

Examinaba los sistemas institucionalizados formales que impedían a las mujeres obtener una buena educación y una carrera respetada, e ideó un mundo en el que las mujeres pudieran lograr tanto como los hombres.

Sus ensayos defienden igualmente la importancia del lenguaje figurado para comunicar complejas verdades filosóficas. Su teoría moral, basada principalmente en la falta de igualdad entre los sexos en Francia, es una en la que el futuro debería ofrecer más oportunidades a sus desposeídos. Su pionera investigación sobre el género fue una parte importante de la Ilustración en Francia, estimulando a un grupo de mujeres de toda Francia y de Europa a presionar de una forma frenética para lograr la oportunidad de cambiar el mundo a través de su inteligencia y su trabajo duro.

Cuando Marie de Gournay murió en 1645, sus ensayos ya habían tenido un efecto sorprendente en las mujeres y también entre hombres franceses. Se había convertido en un ejemplo de mujer inteligente y moderna, capaz no solo de autoeducarse, sino de mantenerse utilizando medios intelectuales sin la ayuda de un marido. Sus colegas y seguidores seguirían avanzando a medida que la Ilustración comenzara a tomar velocidad.

Capítulo 5 – René Descartes

(1596-1650)

René Descartes nació en Francia el 31 de marzo de 1596. Poco después de hacerlo, su madre murió por complicaciones en el parto, y su padre, Joachim, le envió a residir con su abuela y su tío abuelo. Descartes se unió al colegio jesuita Henry-LeGrand en La Flèche a la edad de once años, donde recibió su educación primaria. En 1616, obtendría una *licenciatura* en derecho canónico y civil por la Universidad de Poitiers.[7] Tras finalizar sus estudios legales, por deseo de sus padres, marchó a París para seguir una carrera jurídica en leyes.

Sin embargo, poco después de llegar a la capital de Francia, Descartes abandonó toda idea profesional relacionada con las leyes en favor de los viajes y el conocimiento del mundo. Descartes pronto desarrolló un deseo por servir en el ejército, por lo que, en 1618, se convertiría en soldado mercenario en el Ejército Protestante de los Estados Holandeses en Breda. Al emprender estudios de ingeniería militar de larga duración, el joven soldado conocería y se haría muy amigo de un hombre que se convirtió en su maestro, Isaac Beeckman.

Beeckman era científico y filósofo. En sus encuentros con Descartes, el alumno mostró una entusiasta afinidad por las matemáticas y la ciencia. El anciano Beeckman enseñó a su estudiante sobre la pujante teoría del corpuscularianismo, que llevaría eventualmente a la comprensión científica de la teoría atómica. Beeckman convenció a Descartes de que centrara sus estudios en las matemáticas. Trabajando y estudiando juntos, la pareja decidió que debían tratar de desarrollar una teoría de conexión para vincular las matemáticas a la nueva ciencia de la física.

Descartes estaba desplegado en Newcastle, en el Danubio (también conocido como Neuburg an der Donau), una fría noche de noviembre de 1619 cuando se encerró a solas en una habitación con un pequeño horno para mantenerse caliente. Mientras se encontraba allí, vivió una secuencia de sueños que le llevarían a creer que acababa de experimentar una visión sagrada que ayudaría a conectar los diversos campos de la ciencia sobre los que había estado estudiando. Al despertar, Descartes creó la geometría analítica escribiendo explicaciones de tipo descriptivo acerca de cómo utilizarla para explicar determinadas partes de la filosofía. A partir de estos sueños, descubrió que el estudio de las matemáticas sería un componente clave en su vida, como lo sería la difusión de lo que él consideraba el verdadero conocimiento. Este momento trascendental solidificó la futura reputación de Descartes como filósofo.

Descartes trató de utilizar sus nuevas técnicas para abordar un tema que le había estado preocupando durante algún tiempo: las pruebas falsas dentro del método científico. Su búsqueda personal consistía en encontrar la realidad sin ser detenido por prejuicios, percibidos o no. El proceso que surgió de esta línea de pensamiento pasaría a denominarse "duda hiperbólica", ya que Descartes decidió que cualquier teoría o supuesta ley que pudiera ser objeto incluso de una pizca de duda era, consecuentemente, falsa. Esta aclaración de

---

7 Una licenciatura es un grado inferior al doctorado otorgado por universidades de algunos países, en especial los europeos.

sus convicciones previas le hizo pensar acerca de una variedad de temas, incluyendo el del existencialismo. Al tratar de comprender mejor la verdad de la existencia, encontró finalmente que el "yo existo" es incuestionable y, por lo tanto, totalmente seguro. A partir de este descubrimiento personal, el filósofo procedió a determinar confiado la verdadera existencia de Dios.

En su tratado filosófico de Dios, publicado en su libro *Meditaciones acerca de la Filosofía Primera* de 1641, Descartes contempla lo que se necesita para discernir la existencia o la verdad sobre algo. El "Principio de Adecuación Causal" se utiliza y explica como un equilibrio entre la causa del objeto y el efecto de ese mismo objeto. Según Descartes, ello significa que nada puede surgir de nada y que lo contrario también es cierto. Era una conexión leve pero poderosa entre la física y las verdades internas de la humanidad, tal como Descartes había estado buscando.

Una traducción de un pasaje de *Meditaciones Acerca de la Filosofía Primera,* dice lo siguiente:

> Supongo, por tanto, que todo lo que veo son ilusiones; creo que nunca ha existido nada de todo lo que me dice mi mentirosa memoria. Creo que no tengo sentidos. Creo que el cuerpo, la forma, la extensión, el movimiento, la ubicación son funciones. ¿Qué hay entonces que pueda considerarse como verdadero? Tal vez solo esta única cosa, que nada en absoluto es seguro.[8]

Una de las características del Renacimiento y de la Ilustración fue el uso generalizado del latín en lugar de las lenguas comunes, al menos en términos de filosofía escrita e investigación. La teoría original de que el mundo académico se escribiera y difundiera solo en latín era pragmática; como Europa estaba compuesta por tantas lenguas, el latín podía utilizarse como lengua universal desde Irlanda hasta Rusia. Sin embargo, a medida que las clases medias crecían, el uso del latín se mantuvo únicamente en manos de los ricos y

---

8 Descartes, Rene. Meditaciones acerca de la filosofía primera. 1641.

altamente educados, mientras que la clase trabajadora solo aprendía a leer en la lengua vernácula local. Descartes, sin embargo, quería que sus libros fueran accesibles a todos en igualdad de condiciones, por lo que eligió escribir en su francés nativo.

A causa de esta decisión, la reputación de Descartes no solo floreció entre las personas con alta educación de Francia y del resto de Europa, sino que también sería ampliamente aplaudida entre los residentes franceses de clase media. Además, el que *Meditaciones* y otros libros se publicaran en francés, facilitó que las ideas de Descartes se convirtieran en algunas de las más inspiradoras y fundamentales de toda la época de la Ilustración. Los métodos de pensamiento, en particular acerca de las realidades de la vida humana y sobre la existencia misma, ofrecían a los lectores una nueva forma de verse a sí mismos y de examinar sus propias personalidades.

Descartes fue uno de los filósofos y científicos más famosos de Europa tras publicar *Meditaciones*. Fascinada por el hombre y sus teorías, la reina Cristina de Suecia pidió a Descartes que la visitara en 1649 y le instruyera acerca de sus ideas sobre el amor. Ese mismo invierno, Descartes abrazó la idea y se trasladó a Suecia para comenzar sus lecciones. Desafortunadamente, el acuerdo no fue ideal, ya que la reina Cristina se cansaría pronto de la preocupación de su tutor por la mecánica física, haciendo que sus reuniones resultaran ser muy esporádicas. Solo unos meses después, el 11 de febrero de 1650, Descartes contrajo neumonía y falleció.

Aunque el filósofo había vivido toda su vida como católico, y siempre había confiado en la existencia y la bondad de la imagen católica de Dios, fue enterrado en una nación protestante careciendo en consecuencia del tradicional servicio funerario. El cementerio en el que fue enterrado estaba destinado mayoritariamente huérfanos. Como perjuicio todavía mayor, considerando la fe de Descartes y la inspiración filosófica que había sido para muchas de las naciones de

Europa, el papa Alejandro VII incluyó la obra completa de Descartes a la Lista de Libros Prohibidos en 1663.[9]

---

9 Brenden. "Descartes' Meditations". There It Is. Web. 2014.

Capítulo 6 – Bathsua Makin

(Arededor de 1600 - Alrededor de 1675)

Bathsua Makin nació alrededor de 1600 en Inglaterra, y aunque queda poca información que permita aclarar su vida en detalle, su papel como maestra ayudó a cultivar toda una generación de eruditas. Su propio padre, Henry Reginald, fue profesor de escuela en Stepney, un pequeño municipio en las afueras de Londres, Inglaterra. Muy posiblemente fuera su influencia sobre Bathsua la que le condujera a una vida de aprendizaje y enseñanza por su cuenta. Su perseverancia en el estudio de una amplia variedad de idiomas y en su carrera como profesora le valió el apodo de la dama más erudita de Inglaterra.

La especialidad de Makin fueron los idiomas, y aprendió a leer y escribir en cualquiera de las lenguas más prolíficas de Europa. En 1640, fue nombrada tutora de los hijos del rey Carlos I, la posición más prominente que una mujer (o un tutor) pudiera tener en Inglaterra. La corte de Carlos I era anglicana, ya que Inglaterra se había separado de la Iglesia católica casi un siglo antes durante el reinado de Enrique VIII. Makin fue también posiblemente anglicana, una religión reformada que estaba más cerca del protestantismo que de las viejas tradiciones católicas. Mientras impartía lecciones a los niños de la realeza y les enseñaba a enunciar en varios idiomas, el estatus del rey se encontraría bajo un inminente peligro.

Carlos I no era un rey popular, y por ello, sus detractores católicos pensaban que tenían la oportunidad de derrocar su corona. Las sectas católicas en Bretaña habían estado esperando tal oportunidad desde la Reforma, y se habían intentado, en diversas ocasiones anteriores, golpes de estado. La diferencia esta vez era que tendría éxito. Además, los organizadores del golpe tenían el apoyo de la entidad más grande y poderosa de Europa: la Iglesia católica.

El siglo XVII fue una época muy peligrosa para que la gente cuestionara a la Iglesia Católica, que los había gobernado esencialmente desde que los romanos pasaron de adoradores de antiguas deidades a cristianos. El cristianismo occidental fue un elemento significativo en la preservación de la cultura clásica tras el colapso del Imperio romano de Occidente en el siglo V, y era visto por millones como el gobierno rector de la tierra.[10] Los miembros de la Iglesia establecieron conventos y formaron misioneros para convertir en cristianos a las primeras culturas europeas, que se extendían desde Roma hasta Irlanda. La parte oriental del Imperio romano se transformó en el Imperio bizantino, en el que el cristianismo sería igualmente el centro de la cultura. Inglaterra y muchas otras regiones de Europa se había adoptado una forma de cristianismo protestante en el siglo XVII, pero los monarcas y sus seguidores aún no se encontraban a salvo de la Inquisición católica contemporánea. Para el momento en que la Ilustración arrasó con Europa, el catolicismo todavía formaba parte muy integral de las naciones europeas.

Cuando Carlos I fue depuesto y ejecutado en 1649 en favor de un gobierno encabezado por Oliver Cromwell, sus hijos fueron puestos bajo la custodia de los partidarios de confianza de Cromwell. Para Bathsua, que tenía un fuerte sentido de la responsabilidad hacia los niños a su cargo, no existía más remedio que quedarse con su pupila,

---

10 "La caída de Roma". BBC. Web.

la princesa Isabel Estuardo. Bathsua siguió a la niña, cumpliendo fielmente con sus obligaciones hasta que la princesa murió bajo custodia casi dos años después. Le fue prometida una pensión por sus servicios, pero nunca recibiría el pago, así, la destrozada Bathsua regresó a casa.

Buscó de nuevo trabajos como tutora, que aún abundaban, dadas sus credenciales y su probada dedicación a los niños a su cuidado. Ayudó a muchos niños aristócratas a dominar su lengua vernácula, así como cualquier otro idioma europeo que quisieran aprender. Durante los años que pasó preparando lecciones y viendo a sus alumnos crecer en cuerpo y alma, Carlos II fue sentado en el trono de Inglaterra en el lugar de su padre. El panorama político del país estaba lejos de asentarse, pero Bathsua sobrevivió a lo peor y salió victoriosa.

En Tottenham High Cross en 1673, Makin y una asociada fundaron una escuela dedicada a la educación de las mujeres de la sociedad. Situada a pocos kilómetros de Londres, la institutriz de la escuela era la propia Makin. Adiestraba a las estudiantes en asuntos tradicionalmente femeninos como la música y el canto, pero también enseñaba inglés avanzado, latín y francés. Para las chicas que deseaban llegar más lejos en sus lecciones de idiomas, Makin también ofrecía lecciones en griego, hebreo, italiano y español.

El siguiente extracto pertenece a "Un ensayo para revivir la antigua educación de las damas" de Makin, publicado en 1673.

> La bárbara costumbre de criar a las mujeres de forma inferior, se ha generalizado entre nosotros, y ha prevalecido hasta ahora, de forma que realmente se cree (especialmente entre un tipo de corrompidos degenerados) que las mujeres no están sujetas a la misma razón que los hombres; ni son capaces de mejorar por medio de la educación, tal como son. Se considera una cosa monstruosa pretender lo contrario. Se cree que la mujer culta es un cometa que presagia una maldad, siempre que aparece.

Ofrecer al mundo la educación liberal de la mujer es desfigurar la imagen de Dios en el hombre, y hará a la mujer tan alta, y a los hombres tan bajos, como el fuego en el techo de la casa, envolviendo al mundo entero en una.[11]

Este ensayo, una obra maliciosa en la que la autora expresa su enfado por el hecho de que las mujeres son consideradas de menor intelecto que los hombres, fue el legado de Makin al mundo. A pesar de que los detalles más íntimos de su propia vida se han perdido, esta obra aún sobrevive.

---

[11] Makin, Bathsua. "Un ensayo para revivir la antigua educación de las damas". 1673.

Capítulo 7 – Anna Maria van Schurman

(1607-1678)

Anna Maria van Schurman fue una mujer muy brillante y curiosa, y disfrutó del apoyo total de su familia en la búsqueda de la mejor educación posible. En 1634, recibió una invitación de la Universidad de Utrecht para escribir un poema en latín para su gran ceremonia de inauguración. Cumpliría, y el subsiguiente poema expondría sus ideas sobre los derechos de la mujer a estudiar y a ser educada. En 1641, esta obra se amplió en un ensayo y traduciéndose posteriormente al inglés en 1659 bajo el título "La doncella ilustrada". Dos años más tarde, a la edad de 29 años, recibió otra invitación de la universidad: esta vez, pidiéndole que se convirtiera en su estudiante.

Aceptó, lo que convirtió a van Schurman en la primera mujer en Holanda (y quizás en toda Europa) en convertirse en estudiante universitaria. Era algo inaudito para cualquier mujer, independientemente de su nobleza, asistir a la universidad en el siglo XVII, pero el famoso intelecto de van Schurman y su influyente familia le ayudaron a ganarse ese privilegio. Permaneciendo sentada tras de una cortina en el aula para no distraer a los estudiantes varones, Anna Maria obtuvo su título de abogada.

Schurman aprendió igualmente a hablar en catorce idiomas y fue capaz también de leer y escribir en muchos de ellos. Podía comunicarse en latín, griego, hebreo, italiano, francés, árabe, persa, etíope, alemán y holandés, por nombrar solo algunos. Era igualmente versada en arte, música y literatura, y también buscó un mayor conocimiento de la medicina, la filosofía y la teología. Experta en geografía, matemáticas y astronomía, la educación de Schurman fue tan diversa y profunda como la de sus colegas masculinos.

Schurman no solo se dedicó a sus estudios de ciencia y filosofía, sino también a su creencia en Dios. Utilizó su elevada posición social para cuestionar la postura oficial de las naciones europeas sobre la educación de las mujeres. Aunque ciertamente controvertida, ganó a mucha gente para su causa al vincular la educación con el ser un buen cristiano. Como la fe religiosa era en la Ilustración todavía el logro más importante de la vida, hombres y mujeres de todas las estaciones se encontraban felices de aceptar la noción de la educación de las mujeres cuando quedaba vinculada a la piedad. De hecho, Schurman afirmaba que las mujeres de noble cuna estaban obligadas a alcanzar logros académicos como parte de convertirse en unos mejores cristianos y ayudar a crecer su amor por Dios. Esta postura ayudó realmente a muchos eruditos masculinos a abrazar la idea de la educación femenina.

Había pocas mujeres eruditas en esa época, así que las que lo eran tenían un deseo natural de conectar entre sí. Anne de Rohan-Chabot, Antoinette Bourignon, Dorothy Moore, la princesa Isabel de Bohemia y la reina Ludwika María de Polonia (también conocida como María Luisa Gonzaga) fueron algunas de las mujeres instruidas que mantuvieron correspondencia con Schurman durante su vida. Una de sus amigas más cercanas sería una de la familia, Marie du Moulin.

Las mujeres mantenían correspondencia en muchos idiomas, incluyendo el omnipresente latín. Mientras se ponía en contacto con mujeres altamente educadas y abogaba por la formación del sexo femenino, van Schurman mantenía la misma conexión con los pensadores más educados y vanguardistas como lo hacían sus homólogos masculinos, gracias en gran parte a su Famille d'Alliance. La Alianza surgió entre Schurman y sus amigas por la necesidad de tener una red de apoyo. Los hombres contaban con la República de las Letras, al igual que muchas de estas mujeres, pero sin el estímulo principal de la Alianza, las féminas de la Ilustración pudieron no haber tenido suficiente confianza como para participar en la plétora de conversaciones escritas que llevarían a Europa a la edad moderna.

Una de las más famosas correspondencias de van Schurman sería con René Descartes, el hombre al que a menudo se refiere como el primer filósofo moderno. Descartes y van Schurman no estaban de acuerdo sobre sus interpretaciones de la Biblia y mantenían largos diálogos sobre el tema.

Anna Maria van Schurman escribió extensamente sobre los temas que le interesaban, y gran parte de su trabajo sería publicado. Entre 1639 y 1673, van Schurman publicó "Sobre el fin de la vida", "La estrella de Utrecht" y "Eligiendo la mejor parte". Muchos de estos ensayos, en particular, "La Estrella de Utrecht", fueron reimpresos varias veces en el curso del siglo XVII debido a su gran popularidad.

Van Schurman no solo era una pensadora y escritora cuyas ideas fueran algo radicales e inaceptables para muchas personas de la época, sino también fue una inspiración para algunas. Johan van Beverwijck, un médico holandés, quiso dedicar una de sus publicaciones a van Schurman y felicitarla por su papel en los cambios de visión de la sociedad europea. El problema para van Schurman era que ella sostenía su Famille d'Alliance como un movimiento completo, uno en el que el individuo era solo una pequeña parte. No quería recibir atención individual por su trabajo porque creía que eso perjudicaría al grupo en su conjunto. También se preocupaba por las críticas, que podían ser increíblemente duras respecto a las ambiciones de las mujeres. Escribió al doctor, suplicándole que se abstuviera de nombrarla en su libro.

Lo que sigue a continuación es un extracto de su carta:

He visto su tratado, muy ilustre caballero, que usted tituló "*Sobre la excelencia del sexo femenino*". Tenga cuidado, pues...particularmente porque ha planteado tantos ejemplos de mujeres ilustres a un nivel tan alto de renombre que parece que los ha tratado más por mala voluntad que por emulación...Por tanto...le imploro vehementemente, y más bien por la fe en nuestra inviolable amistad, le ruego solemnemente, no persista...en dedicarme este libro.[12]

Aunque el doctor van Beverwijck solo quería felicitar a Anna Maria van Schurman, ella se encargó de explicarle en detalle el daño que la dedicatoria de su libro podría causar. En esa misma carta, le decía a su admirador cómo era común entre muchos hombres creer solo que la rara mujer era capaz de pensamientos tan complejos como los suyos. Esos hombres eran reacios a aceptar que todas las mujeres eran capaces de los mismos logros en las circunstancias adecuadas y en cambio solo reconocían los méritos de un puñado de ellas. Para evitarlo, van Schurman explicaría que ella no quería de ningún modo ser señalada por sus logros de forma separada de sus compañeras.

Sin embargo, Anna Maria encontró una relativa fama dentro de la intelectualidad de Europa. Se le dio el apodo de "Minerva", en honor a la diosa romana de la sabiduría, las artes, el comercio y la guerra política. Fiel al apodo, fue una artista consumada y una mujer culta. Estudió grabado y realizó muy intrincadas obras en cera y en vidrio, madera y marfil. Pintó retratos y quedó documentada como la primera pintora holandesa en usar el pastel en los retratos. Incluso le sería concedió un puesto honorífico en un gremio artístico en 1643, lo que sería otro logro poco común para una mujer de la época.[13]

Con posterioridad, las profundas creencias religiosas de van Schurman la llevaron a encontrar una cierta desilusión hacia la Iglesia y a perseguir los ideales de la Reforma. Abrazó la causa de los labadistas, que seguían los ideales del sacerdote francés Jean de

---

12 Pal, C., Republic of women: Rethinking the Republic of Letters in the Seventeenth Century, Cambridge University Press 2012.

13 Bohn, B. & Saslow, J.M., A Companion to Renaissance and Baroque Art, Wiley & Sons 2012.

Labadie. Labadie había sido expulsado de la Iglesia católica e incluso de la Iglesia reformada holandesa, pero quizás fue su mala reputación ante la mayor iglesia de la región lo que le proporcionaría una mayor influencia entre los desilusionados.

Los labadistas fueron un movimiento religioso protestante y la religión cristiana ortodoxa de Labadie se centraba en la dedicación religiosa personal más que en la doctrina y teología cristianas. Van Schurman se convirtió en una de las principales seguidoras de Labadie a mediados del siglo XVII y se volvió tan activa dentro de la nueva iglesia que los seguidores del religioso le llamaban "Mamá". Escribió panfletos y ensayos en su nombre, uno de los cuales anunció formalmente su ruptura con la Iglesia reformada holandesa en 1669. Se llamaba "Sobre la reforma necesaria en la actualidad en la Iglesia de Cristo".

Su sinceridad en contra del mayor grupo de protestantes de los Países Bajos enfureció a mucha gente en la zona, y van Schurman se vio obligada a reubicarse junto con docenas de otros labadistas. Aceptó la invitación de su amiga la princesa Isabel de Bohemia y se instaló en el Ducado de Sajonia. Vivió allí hasta la muerte de Labadie en 1674 y regresó posteriormente regresó a los Países Bajos.[14] Sus últimos años los pasó viviendo en compañía de otros en una propiedad compartida, de acuerdo con la doctrina labadista, y su estilo de vida no era materialista. Murió en 1678.[15]

---

14 "Jean de Labadie". Encyclopedia Britannica. Web.
15 Larsen, Anne R. Anna Maria Van Schurman, 'The Star of Utrecht': The Educational Vision and Reception of a Savante. 2014.

Capítulo 8 – Dorothy Moore

(1612-1664)

Dorothy Moore nació en una familia de cierta importancia en Irlanda. Su padre, John King, fue nombrado caballero concediéndosele un contrato de arrendamiento de una finca, y pasando con posterioridad a ocupar varios cargos políticos. Los hermanos de Dorothy recibieron una excelente educación inicial y fueron a Cambridge. Dorothy, por otro lado, recibiría lo que más tarde llamó un currículum básico de mujer noble.

Posteriormente, Moore escribió un breve tratado sobre la educación de las niñas, lamentando el desafortunado aprendizaje que había recibido a causa de su género. Detalló cómo una chica podía finalizar sus lecciones habiendo aprendido solo a bailar y a cómo llenar la mente con cosas innecesarias, no beneficiosas y provocadoras de orgullo.[16]

Dado que eran los usos típicos para las niñas de aquel momento, la educación de Dorothy no fue extensa y terminaría bastante pronto. Una vez que había aprendido a bailar, coser y administrar un hogar, el matrimonio era el siguiente paso para ella. Dorothy se casó con Arthur Moore, el hijo de Sir Garrett Moore, el conde de Drogheda.

---

16 Pal, C. Republic of Women, Cambridge University Press 2012.

La pareja tuvo tres hijos, de cuya educación se ocupó Dorothy con mano firme. Buscando los mejores tutores y oradores, la joven madre empezó a comunicarse con muchas personas, incluyendo a Anna Maria van Schurman, Bathsua Makin, John Dury y Samuel Hartlib.

En la década de 1630, Bathsua Makin escribió: "He oído hablar de usted, mi querida amiga, honorable señora, y estoy feliz y contenta por la única amabilidad que el cielo nos ha otorgado en nuestros días, para renovar la gloria de su pueblo".[17]

Dorothy Moore nunca dejó de aprender, a pesar de la escasa educación que recibió en su juventud, y dominaba muchos idiomas como el hebreo, el griego, el francés y el latín. Había estudiado el trabajo de René Descartes, como la mayoría de los estudiantes de filosofía de la época, pasando posteriormente a otros escritos y comenzando a mantener correspondencia con otros en su misma búsqueda.

Estaba muy interesada en el estudio religioso, y dirigió gran parte del mismo hacia el papel de la mujer dentro de la Iglesia. Había considerado la posibilidad de ocupar una posición de autoridad en la misma, como predicadora en una comunidad religiosa que creía que las mujeres podían realizar ese trabajo tan bien como los hombres.

En 1639, Johan van Beverwijck publicó un libro que él mismo había escrito ensalzando el intelecto de las mujeres y planteando la idea de que las mujeres podrían tener habilidades iguales a las de los hombres. Uno de los ejemplos que utilizó para apoyar sus ideas fue Dorothy Moore:

> La viuda de un noble inglés, que aún no ha alcanzado los veintisiete años, adornada con todas las gracias del cuerpo y el alma. En poco tiempo aprendió el italiano y el francés hasta tal punto que podía leer obras escritas en ambos idiomas y hablaba francés con fluidez. Ello le animó a estudiar latín, que también dominó pronto. Sin detenerse ahí, se embarcó en el

---

17 Van Dijk, S. "I Have Heard About You" Foreign Women's Writing Crossing the Dutch Border, Uitgeverij Verloren, 2004.

estudio del hebreo, en el que progresó tanto en pocos meses que pudo leer la Biblia en ese idioma. Además, es tan devota que, entre sus estudios, se reserva a diario un tiempo para pasarlo de forma piados, leyendo y meditando.[18]

En una carta que Moore escribió a Katharine Boyle en 1643, dijo:

Creo que cada miembro de Cristo debe proponerse a sí mismo como su deber sin excluir nuestro sexo... Muchos son propensos a pensar que todos juntos somos incapaces de tal servicio como lo expreso ahora, pero hasta que nos pueda demostrar que somos incapaces del honor de ser miembros de ese cuerpo debo creer que cada miembro desde su posición propia puede ser beneficioso para el resto.[19]

En su interminable búsqueda por asegurar una educación completa a sus hijos, Dorothy se acercó a John Dury en Holanda tras el fallecimiento de su marido. John Dury era hijo de Robert Durie, un presbiteriano escocés que había sido exiliado por asistir a una asamblea prohibida por el rey. John Dury se crió en Holanda, donde su padre se había marchado después de su exilio. Estuvo dedicado a la unificación pacífica de los protestantes de toda Europa. Trabajó y escribió extensamente acerca de ello y publicó *Concerning the Work of Peace Ecclesiastical* en 1641.

Dury ayudó a Moore a lograr una educación de alto nivel para sus hijos, y los llevó a Utrecht en 1641. Iba a desempeñar un puesto como institutriz de los hijos de la reina Isabel de Bohemia. Sin embargo, este trabajo no llegó a realizarse, ya que Moore fue considerada inelegible cuando Dury y ella planearon casarse. Las mujeres comprometidas o casadas todavía no se consideraban aptas para tales posiciones. Dorothy no pretendía inicialmente volver a casarse, pero finalmente, se convenció de que los dos serían capaces de hacer un mayor del trabajo para Dios como pareja casada. En ese trabajo, Dorothy continuó en la búsqueda de oportunidades para las

---

18 Barry, C., Irish Philosophy, Web Irishphilosophy.com.
19 Pal, C. Republic of Women, Cambridge University Press 2012.

mujeres dentro de la Iglesia, así como trabajando para la reforma de la misma.

Moore, mantuvo correspondencia ocasional con André Rivet, un teólogo hugonote francés que en aquel momento era un miembro influyente de la facultad de la Universidad de Leiden en Holanda. En estas cartas, Moore habla de la capacidad de las mujeres para servir y pide que se les permita hacerlo al público basándose en su capacidad para realizarlo y no en su sexo. Le dice a Rivet que las mujeres están incorporadas a cristo de la misma manera que los hombres y que sus objetivos de servicio deben ser considerados de la misma manera. Su correspondencia con Rivet sería muy intensa y ayudó a desarrollar sus ideas sobre las vocaciones de las mujeres en la Iglesia.

Dorothy Moore escribió extensamente a aquellos que ella pensó que podrían ayudarle en su trabajo para lograr la realización de las mujeres permitiéndoles tener una vocación dentro de la Iglesia. Asumió grandes riesgos en estas comunicaciones y muchos la consideraron bastante radical. Las convicciones de Moore sobre la idoneidad de las mujeres para servir a la sociedad basadas en sus habilidades más que en su sexo, así como sus capacidades para ser educadas igual que los hombres, fueron la base de la mayoría de sus escritos.

Capítulo 9 – Princesa Isabel de Bohemia

(1618-1680)

La princesa Isabel de Bohemia, también conocida como princesa Isabel del Palatinado, era la hija mayor de Isabel Estuardo y Federico V, el elector del Palatinado. Su padre sirvió como rey de Bohemia durante un corto tiempo antes de trasladarse exiliado a los Países Bajos; Isabel se reuniría allí con sus padres a la edad de nueve años. En 1633, recibió una oferta de matrimonio del rey de Polonia, Władysław IV Vasa.[20] Se trataba de un acuerdo que habría ayudado a la situación de su familia, pero la niña se negó porque el rey era católico. En vez de cambiar su fe calvinista, de suma importancia para ella, Isabel eligió entrar en un convento.

En 1667, siete años después de entrar en el convento, Isabel se convertiría en la abadesa del mismo. Este papel de autoridad le permitió ampliar los cuidados que ella misma y las mujeres de la institución ofrecían a muchos refugiados religiosos que llegaban al país, especialmente desde Francia. Conocía de primera mano lo que se sentía al ser expulsada de su casa natal por motivos políticos y religiosos. Su punto de vista era particularmente único, ya que era calvinista en un convento luterano. Sabía que, si los luteranos podían

---

[20] Lascano, Marcy. The Cambridge Descartes Lexicon. 2015.

acogerla, debería extender la misma oferta a personas indefensas de diversos sistemas de creencias, incluyendo a aquellos de la fe labadista.

La princesa Isabel de Bohemia es muy conocida por su extensa correspondencia con René Descartes, y en realidad, sus existentes textos filosóficos se componen de estas cartas. En una de ellas, Isabel insiste en que Descartes explique más a fondo su teoría sobre las relaciones entre los objetos materiales, es decir, la posibilidad de sus interacciones causales y sus asociaciones. Estas misivas debaten igualmente la física de Descartes y la esencia y el equilibrio de la libertad individual de la voluntad.

La iniciativa de la redacción de las cartas entre Isabel y Descartes comenzó con Elisabeth cuestionando el cómo Descartes eligió describir la capacidad de un objeto intangible para utilizar un objeto concreto. En esta original cuestión, la discordia entre la carne y el cerebro es el núcleo del problema. Tal y como lo veía Isabel, era más probable que la mente influyera en la carne que al revés. En vista de la eficacia causal de una mente inmaterial, Isabel sugirió que Descartes debería intentar articular las causas de las interacciones entre la mente y el cuerpo.

Ambos discutieron igualmente minuciosamente sobre política. Descartes dedicó sus *Principios de filosofía* a Isabel, y por su sugerencia, escribió *Las pasiones del alma*. Aunque es importante comprender las opiniones de Descartes mientras se estudia este intercambio, es igualmente relevante señalar que la princesa Isabel desafió las creencias de su amigo. Discutieron sobre la guerra civil inglesa y el potencial del pueblo para reinstaurar su antigua monarquía. Isabel se encontraba muy triste a causa de las divisiones religiosas en Inglaterra y esperaba poder ayudar a los protestantes ingleses afectados por la guerra en su calidad de abadesa del convento de Herford lo mejor que pudiera.

Isabel mantuvo correspondencia igualmente con Anna Maria van Schurman, que la inspiraría a estudiar historia, física y astronomía. Van Schurman fue una especie de mentora para Elisabeth, aceptándola dentro de la Familia de la Alianza, un grupo en el que otras mujeres encontraron el consuelo y el conocimiento entre ellas. Isabel se convertiría en un elemento central en los círculos intelectuales de mujeres.

Isabel no limitó únicamente sus epístolas a René Descartes y a las mujeres de la Familia de la Alianza, sino que también intercambió cartas con miembros de la secta religiosa cuáquera. Los cuáqueros habían surgido en Inglaterra tras la guerra civil, y aunque sus creencias se basaban principalmente en el cristianismo, también creían que Dios existía en el interior de cada persona. Robert Barclay y William Penn fueron dos de esos creyentes con los que la princesa Isabel compartió cartas, y aunque sus intentos de convertirla fueron en vano, sus teorías alternativas le interesaban mucho. La princesa se interesó sin cesar por las diversas visiones del mundo que le rodeaban y participó exhaustivamente en la República de las Cartas para obtener la mayor cantidad de información posible.

Dada la situación única en la que se encontraba Isabel, es lógico que sus intereses se dirigieran no solo a la teología y la verdad sino también a la teoría política. El interés de Isabel por evaluar detalladamente los acontecimientos políticos estaba directamente relacionado con su esperanza de que un día ella y su familia pudieran alcanzar de nuevo una posición de poder en la que los ejércitos católicos no pudieran destronarles. Desafortunadamente, tal cosa no sería posible, e Isabel murió en el convento en 1680.[21] Su inteligente serie de cartas continuaría siendo una inspiración para las mujeres de la Ilustración y las posteriores, y ayudarían a contribuir a la prueba de que las mujeres eran mucho más que los papeles que les había asignado la historia.

---

21 Goldstone, Nancy. Daughters of the Winter Queen: Four Remarkable Sisters, the Crown of Bohemia, and the Enduring Legacy of Mary, Queen of Scots. 2018.

Capítulo 10 – Robert Boyle

(1627-1691)

Robert Boyle era un irlandés cuya familia se involucró en las protestas políticas contra los ingleses. Debido a la continua violencia entre ambos bandos, el joven Robert fue enviado lejos de casa hasta que la violencia entre los católicos irlandeses y los protestantes pasara. Sería en 1644, tras la muerte de su padre, que Boyle regresaría a Inglaterra donde había asistido al prestigioso Colegio Eton. Se trataba un joven con una buena educación que ya había viajado ampliamente por Europa y había residido en Florencia para estudiar los trabajos del anciano y arrestado en casa astrónomo Galileo Galilei. Unos años después de heredar la herencia irlandesa de su padre, Boyle regresó a su lugar de nacimiento para seguir una carrera dentro de la ciencia. Desafortunadamente, le fue difícil obtener el equipo necesario en su hogar natal. También expresaría su disgusto por la falta de camaradería intelectual que encontró allí. Perseveró durante varios años antes de volver a Inglaterra y sumergirse en la bulliciosa comunidad científica existente en el lugar.

Los estudios personales y el trabajo original de Boyle se concentraron en la ética y la retórica, la primera centrada en la moralidad y la segunda en la escritura y el discurso persuasivos. Sin embargo, a medida que maduraba, Boyle se encontró rodeado de una variedad de filósofos naturales y se interesó en la persecución de similares asuntos a los de sus amigos en vez de por la literatura francesa. En la década de 1650, comenzó a pasar tiempo con el Círculo Hartlib, un grupo de intelectuales centrado en Samuel Hartlib, un polimatemático alemán. Algunos investigadores educativos, cuyos trabajos fascinaban a Robert Boyle, se encontraban entre los representantes del Círculo Hartlib.

El propio Hartlib era una persona muy educada de ascendencia alemana, y a mediados del siglo XVII, emigró a Inglaterra. Fue un defensor de varios temas científicos - incluyendo la agricultura, la botánica, la medicina, las finanzas y la alquimia - y diseñó mejoras para muchos inventos mecánicos, incluyendo la calculadora mecánica de Blaise Pascal. Entre 1640 y 1660, Hartlib estableció una red europea de cartas científicas y patentes, y esta red se conocía a menudo como el Círculo de Hartlib. La red incluía especialistas en todas las áreas de la ciencia, y estos eran individuos como Robert Boyle, el horticultor John Beale, y el físico William Rand. El Círculo de Hartlib se dedicaba tanto a la educación superior como al protestantismo, y, por lo tanto, toda una sección de la red de redacción de cartas se dedicaba a difundir y salvaguardar dicha teología.

El papel de Robert Boyle en el Círculo de Hartlib era principalmente el de un químico. Boyle experimentaba regularmente con gases, a menudo junto a su colega, Robert Hooke. Juntos construyeron una bomba de aire para ayudar en sus experimentos, y posteriormente, Boyle publicó New Experiments Physico-Mechanical, Touching the Spring of the Air and Its Effects en 1660. Usando la bomba de aire, Boyle notó que a medida que la presión de un gas aumentaba, el volumen de ese gas se reducía. Esta relación entre el volumen y la presión del gas se conoció como la ley de Boyle.

El propio Hartlib era una persona altamente educada de ascendencia alemana, y a mediados del siglo XVII, emigró a Inglaterra. Abogaría por diversas materias científicas (incluyendo la agricultura, la botánica, la medicina, las finanzas o la alquimia) y diseñó mejoras para muchos inventos mecánicos, incluyendo para la calculadora mecánica de Blaise Pascal. Entre 1640 y 1660, Hartlib estableció una red europea de cartas científicas y patentes, a la que se conocido a menudo como el Círculo de Hartlib. La red incluía especialistas en cualquier área de la ciencia, y estaba compuesta por individuos como Robert Boyle, el horticultor John Beale, y el físico William Rand. El Círculo de Hartlib se dedicó tanto a la educación superior como al protestantismo, y, por tanto, una buena parte de la red de redacción de cartas se dedicó a la difusión y salvaguarda de dicha teología.

El papel de Robert Boyle en el Círculo de Hartlib fue principalmente el de químico. Boyle experimentó de forma habitual con gases, a menudo junto a su colega, Robert Hooke. Juntos construyeron una bomba de aire que les asistiera en sus investigaciones, y posteriormente, Boyle publicaría *Nuevos experimentos físico-mecánicos, relacionados con la elasticidad del aire y sus efectos* en 1660. Utilizando la bomba de aire, Boyle se dio cuenta de que a medida que la presión de un gas aumentaba, el volumen del mismo se reducía. Esta relación entre el volumen y la presión del gas se conoció como la ley de Boyle.

Para explicar las conclusiones de sus propios experimentos, Boyle imaginó el gas como una colección de partículas diminutas, un modelo teórico conocido en ese momento como corpuscularianismo. La ciencia de la fabricación de lentes había avanzado a pasos agigantados desde la invención del telescopio y el microscopio un siglo antes, pero estos instrumentos todavía no tenían el poder de aumento necesario para revelar las estructuras celulares o la más pequeña de las micropartículas. El corpuscularismo, por tanto, se basaba en gran medida en conjeturas y, en menor medida, en resultados experimentales.

Según su libro, Boyle se adhirió a una filosofía mecanicista del universo. También llamada mecanismo, esta filosofía considera la realidad del mismo modo que el mecanismo de un reloj; es decir, opera bajo un estricto conjunto de reglas que pueden ser determinadas a través de una cuidadosa investigación y experimentación. En aquella época, el mecanismo se ocupaba principalmente de eliminar los métodos no científicos y las piezas sueltas del campo científico, lo que resultaría ser una tarea bastante engorrosa. No obstante, tal metodología se convirtió en el mayor deseo de los mejores científicos de la época, y gracias a minuciosas observaciones y publicaciones, Robert Boyle pudo aportar al mundo una alta cantidad de información de gran calidad.

La creencia de Boyle en la existencia de los átomos no fue compartida de forma universal, pero gracias a su amistad con Samuel Hartlib, le fue otorgado el debido respeto en el seno de la red. Posiblemente, el hecho de que se le tuviera en alguna estima se debió en gran medida al apoyo recibido por los científicos y compañeros del Círculo de Hartlib, algo que definió a la Ilustración y la diferenció de los más secretos y atormentados días anteriores a la Revolución científica. Aunque los predecesores de Boyle, como Galileo Galilei y Giordano Bruno, a menudo sufrieron por sus revelaciones científicas o tuvieron que evitar por completo que sus obras se publicaran, los científicos de la Ilustración sintieron menor presión por adherirse a las aristotélicas creencias de la Iglesia católica.

La influencia positiva del Círculo de Hartlib sobre la ciencia fue doble: en primer lugar, la red de grandes mentes proporcionó un apoyo intelectual; en segundo lugar, la esencia protestante del círculo contribuyó a alejar una buena dosis del poder y autoridad del papa católico y de la Inquisición católica. Como las iglesias protestantes se centraban principalmente en sus propios derechos de existencia más que en cualquier otro ámbito de la ciencia, los vínculos entre el floreciente no catolicismo y la ciencia de la nueva ola fueron recíprocos.

Para Robert Boyle, la afiliación al Círculo de Hartlib significó que tenía mucho menos de qué preocuparse en términos de castigo religioso o político que Galileo. Por tanto, siguió adelante con sus experimentos y la teoría atómica, influyendo en un gran número de científicos contemporáneos y futuros. La insistencia de Boyle en que el método científico, tal como describió Francis Bacon, crucial en el campo, fue compartida por muchos de sus colegas.

Además, Boyle y los restantes miembros del Círculo de Hartlib se beneficiaron de la regularidad y la solidaridad de su grupo, ya que los países de Europa permanecían en guerra constantemente consigo mismos o con otros. Escribir cartas dentro del Círculo de Hartlib no solo era una forma para que los científicos y filósofos se mantuvieran al día de los descubrimientos y la metodología, sino que también fue una manera de reconocer la lealtad duradera y el rechazo al partidismo de sus miembros.

Capítulo 11– John Locke

(1632-1704)

John Locke fue un inglés cuya primera educación se desarrolló en la Escuela Westminster de Londres desde 1647. Sus estudios incluyeron idiomas (latín, griego, hebreo y árabe), geografía y matemáticas. En 1650, Locke tuvo el honor de ser elegido "Erudito del Rey". El impulso financiero proporcionado por esta distinción le permitió adquirir muchos más libros para su biblioteca, incluyendo clásicos griegos y romanos. Era un estudiante brillante pero no le gustaba la escuela, escribiendo posteriormente, en 1963, *"Algunos pensamientos sobre la educación"*, en el que sugería que existían mejores formas de educar a los jóvenes y afirmaba que la educación mediante tutoría particular sería mejor.

En 1652, Locke comenzó su educación médica en Oxford. Una vez más, sería un buen estudiante, pero encontraba los confines de la educación formal un tanto deficientes. Leyó las obras de Francis Bacon y René Descartes por su cuenta, ya que no formaban parte de su recorrido educativo en Oxford. Tras graduarse en 1656, Locke se entregó por completo a este nuevo tipo de ciencia, y él mismo llegaría pronto a ser visto como un filósofo, uno que, en el siglo XVII, establecería las bases de la "filosofía occidental". Locke se convirtió en un hombre influyente en aquel reino, escribiendo extensamente sobre el tema. Como uno de los principales contribuyentes al desarrollo del nuevo pensamiento filosófico, sería uno de los primeros empiristas, aquellas personas que sostienen la creencia de que todo el conocimiento proviene de la experiencia obtenida a través de los sentidos.

El trabajo de Locke también avanzó las teorías del conocimiento y lo que realmente significaba. Estudió y escribió sobre epistemología, que es el estudio de las diferencias entre creencias y opiniones. Locke planteó la idea de que no existían ideas o moral innatas que estuvieran presentes en las mentes de los humanos cuando nacieron. Él creía que estas provenían solo de las observaciones y reflexiones de la mente y que el conocimiento solo se obtenía a través de las conexiones de la mente con las ideas a través de dicha observación.

John Locke ha sido llamado el "padre del liberalismo". El liberalismo sostiene que la libertad de una persona debe ocupar un lugar central en de las organizaciones políticas. Libertades como la de elección y el derecho de un individuo a ser igual ante los ojos de la ley constituyeron la premisa principal que definió el temprano liberalismo y ayudaría a impulsar el desarrollo de esa filosofía política.

Locke tuvo un fuerte efecto en el pensamiento de la política liberal como importante filósofo y teórico político. Se negó a creer en la idea de que los reyes tuvieran derecho divino a gobernar sobre los demás, y argumentó que toda persona estaba dotada de los derechos a la vida, la libertad y la propiedad. Si un monarca no respetaba esos derechos, el pueblo tenía más que el derecho a destituirlo del poder. Como tal, el autor desempeñó un papel principal en las revoluciones de los Estados Unidos y de Francia similar a los que desempeñaron Thomas Jefferson, James Madison y Voltaire. Gran parte de su influencia tuvo que ver con las permanentes teorías de Locke sobre los contratos sociales.

El concepto de contrato social se refiere a las relaciones interpersonales de una comunidad. Los deberes personales y profesionales de cada persona, según los partidarios de la teoría del contrato social, dependen de los acuerdos hechos entre todas ellas, pronunciadas o no. La nobleza de un reino europeo clásico, por ejemplo, ostentaba un contrato social para en el que se proveía al monarca de ejércitos e impuestos. A cambio, el rey mantenía la responsabilidad de proporcionar protección a los ciudadanos ante las restantes naciones y fuerzas armadas. Los contratos sociales fueron descritos por Platón en el siglo V a. C., y las versiones modernas de los mismos concebidas por Thomas Hobbes antes de que John Locke produjera su propia variante.

Otro aspecto fundamental de las creencias de Locke sería el estado de la naturaleza humana. Según él, el estado natural en el que existe la humanidad incluye la completa libertad personal de vivir como uno quiera sin sufrir imposiciones de otros. Locke no creía que vivir en el propio estado natural significara que uno pudiera hacer lo que quisiera. Según Locke, la naturaleza se caracteriza por la libertad, pero no es una condición sin ética o juicios y castigos sociales. La teoría de Locke sobre el estado de la naturaleza de la humanidad es anterior a la política y al gobierno, pero se aferra a lo que él creía que era la moral humana fundamental.

Aunque Locke apoyaba la libertad de religión, permaneció fuertemente en contra de la afirmación de la Iglesia católica romana de que su papa era infalible, ya que no se podía probar. Creía que la Iglesia católica era una amenaza a la autonomía inglesa y a la libertad de los protestantes. Incluso la idea de Locke de la libertad de religión mantenía sus limitaciones. Por ejemplo, aunque creía que la gente tenía la libertad de seguir cualquier religión, no creía que también tuvieran el derecho de ser ateos.

El tema de la propiedad y la posesión era de gran importancia para las teorías de Locke sobre las libertades personales, y esas ideas serían más promovidas tarde por los pensadores del siglo XIX. La propiedad es una tesis central de sus escritos filosóficos, incluyendo la propiedad sobre el mismo cuerpo. Argumentó que cada persona es dueña de su propio cuerpo y que el yo físico de uno no puede ser utilizado sin permiso expreso. En una época en que la esclavitud era una parte muy importante del tejido económico de Europa y las Américas, esas palabras resultaban potentes.

En cuanto a la obtención de propiedad a parte del propio cuerpo, Locke creía que tal cosa podía hacerse a través de la producción de trabajo. El trabajo, combinado con objetos materiales, equivalía a la propiedad en forma de cultivos, ropa y cualquier producto creado por el propio trabajo. El punto de vista de Locke de que la cosecha pertenecía a los trabajadores del campo fue un precursor de las teorías sobre el trabajo que pregonaban Karl Marx y Friedrich Engels.

Los escritos de John Locke sobre filosofía política influyeron en la Ilustración escocesa del siglo XVIII, donde su trabajo fue construido por la siguiente ronda de pensadores y escritores políticos. La obra de Locke también constituyó una influencia sobre los escritos de Voltaire y Jean-Jacques Rousseau, quienes contribuyeron con mayores pensamientos acerca de los derechos y libertades de los ciudadanos dentro de la sociedad.

Las obras más conocidas de Locke son *Un ensayo sobre el conocimiento humano* escrito en 1689 y sus *Dos tratados sobre el gobierno civil*, también publicados en 1689. En el primero, expuso sus teorías sobre el conocimiento humano basado en la experiencia, y en el segundo libro, Locke formuló sus ideas acerca la construcción de la organización política en base los derechos y libertades individuales del pueblo y su consentimiento para ser gobernado.

Los trabajos de Locke (así como los de Voltaire y Rousseau) supusieron una fuente de gran inspiración para los revolucionarios americanos, quienes reflejaron su teoría en la redacción de la Declaración de Independencia de los Estados Unidos en 1776. John Locke sería un defensor de lo que más tarde quedó establecido para el gobierno de los Estados Unidos: la separación de los poderes ejecutivo, legislativo y judicial. Sus ideas políticas y filosóficas continúan teniendo una gran influencia en el mundo occidental, centrándose en los principios fundamentales de libertad, conocimiento y desafío a la autoridad.

Capítulo 12 – Isaac Newton

(1642-1726)

Isaac Newton era muy joven cuando comenzó a formular sus magistrales teorías científicas. Al salir del Trinity College, Cambridge, durante 18 meses debido a un brote de peste, Newton se quedó en casa trabajando en muchas de estas ideas. Joven y algo orgulloso de sus descubrimientos científicos, a Newton le gustaba deleitar al público y a sus amigos con la historia de cómo, un día, mientras estaba sentado en su jardín y contemplaba el universo, una manzana cayó de un árbol cercano y golpeó el suelo, ejemplificando perfectamente la ley de la gravedad. Este incidente se convirtió en una particularidad central de su estudio a largo plazo sobre la gravedad y la física.

En 1687, Newton explicaría sus tres leyes del movimiento en el libro *Philosophiæ Naturalis Principia Mathematica.*

1. Todo objeto persiste en su estado de reposo o en movimiento uniforme hasta que es obligado a cambiar ese estado por las fuerzas impactantes en él.

2. La fuerza es igual al cambio de momento por cambio de tiempo. Para una masa constante, la fuerza es igual a la masa por la aceleración (F=ma).

3. Para cada acción, hay una reacción igual y opuesta.

Pasarían muchos años antes de que las revelaciones que Isaac Newton tuvo durante su ausencia de la escuela fueran publicadas para la posteridad. Se incluyeron en las páginas de *Philosophiæ Naturalis Principia Mathematica*, lanzado al público en 1687. Conocido coloquialmente como *Principia*, el libro era una rareza por una razón en particular. Había escrito en la lengua vernácula de Newton y sus colegas científicos: no incluía resúmenes simplificados o metáforas para complacer a aquellos con una inferior educación.

Aunque era una práctica bastante común que los intelectuales escribieran sus manuscritos en latín, un idioma que solo comprendían las familias ricas de Europa que podían permitirse la mejor educación, también era costumbre publicar versiones secundarias de tales libros en la lengua vernácula local. Newton no lo haría hasta 1728 cuando *Principia* se publicó en inglés como *Mathematical Principles of Natural Philosophy*.

Tal como era, solo los miembros de la Sociedad Real de Londres y sus colegas internacionales de similar nivel eran capaces de comprender la complicada terminología de *Principia*. Aunque esto pueda parecer una maniobra cruel por parte de Newton, puede haber una buena explicación para su fallo en dirigirse a la gente común de forma que pudieran relacionarse con la obra. Los días de la intensa Inquisición católica no quedaban tan lejos de Newton, y, de hecho, la Inquisición aún permanecía técnicamente en vigor durante los siglos XVII y XVIII. Siendo un hombre astuto, Newton se dio cuenta posiblemente de que, si los miembros del clero no podían entender su trabajo, tendrían muchas menos razones para perseguirlo.

> ...serán las ciencias del movimiento resultantes de cualquier fuerza, y de las fuerzas requeridas para producir cualquier movimiento, propuesto y demostrado con precisión...Y por lo tanto ofrecemos este trabajo como principios matemáticos de su filosofía. Porque toda la dificultad de la filosofía parece consistir en esto: desde los fenómenos de movimiento para investigar las fuerzas de la Naturaleza, y luego desde estas fuerzas para demostrar los otros fenómenos...

Principia se dividió en tres libros separados, o secciones. La primera de estas secciones trata de los movimientos potenciales de los cuerpos físicos cuando no se encontraban sometidos a fuerzas opuestas, como la gravedad. Estos movimientos teóricamente tendrían lugar en un vacío total. La segunda, trata de los movimientos de los mismos objetos físicos cuando están bajo la influencia de otras fuerzas, tratando así de explicar las características de las mismas. La última sección del libro examina las interpretaciones específicas de los datos relativos a los movimientos planetarios y de los satélites.

La primera ley de movimiento de Newton establece que un cuerpo en movimiento mantiene el mismo movimiento a menos que una fuerza externa actúe sobre él. De manera similar, a menos que una fuerza se mueva sobre el objeto, permanecerá de la misma manera. Todo objeto en movimiento en el espacio viajará a la misma velocidad en línea recta, incluyendo los planetas. Por ejemplo, los planetas van en línea recta, pero la gravedad del sol los atrae hacia él. Es esta fuerza de gravedad la causante de que los planetas en movimiento se muevan alrededor del sol en órbitas más o menos circulares. Durante miles de millones de años, han estado dando vueltas alrededor del sol porque otras fuerzas han sido demasiado débiles como para cambiar sus movimientos de forma significativa.

En la segunda ley de movimiento de Newton, un objeto se acelera hasta la cantidad de energía que actúa sobre él. Cuando ninguna fuerza afecta al objeto, su velocidad permanece inalterada. Se requiere una aceleración constante para mover los planetas alrededor del sol. Sin embargo, aquí, aceleración significa "cambio de dirección" en lugar de "cambio de velocidad". La fuerza gravitatoria del sol cambia constantemente la ruta de un planeta al rodear el sol, pero nunca lo curva en dirección hacia el mismo sol.

La tercera ley del movimiento dice que, para cada acción, hay una acción opuesta de igual fuerza. Por ejemplo, si alguien se pone en pie en un pequeño bote y alejándose de la borde, el bote se mueve hacia atrás de la misma forma que la persona se mueve hacia adelante. Igualmente, el sol siente la fuerza de los planetas, pero debido a que es mucho más grande que estos, tiene poco efecto sobre el movimiento de la estrella.

Principia asombró a las comunidades científicas en Inglaterra y en el extranjero, e hizo ganarse a Newton invitaciones a todos los salones, cafeterías y clubes de ciencias de Europa. Su trabajo se convertiría en fundamental para todo el futuro de la física.

Capítulo 13 – La guerra Civil Inglesa

(1642-1651)

Los valores de la Ilustración no solo sirvieron a la promoción de la ciencia y de otros conocimientos, sino también al establecimiento de sociedades justas e igualitarias en beneficio de todas las personas. En Inglaterra y Escocia, mucha gente creía que lograr una sociedad de este tipo llegaría en última instancia a costa de la monarquía. Costaría décadas para que esa idea encontrara su momento adecuado; la reina Isabel I hizo su trabajo para unir a los antiguos enemigos que habían sido Inglaterra y Escocia cediendo su reino al rey escocés, su propio primo, Jaime Estuardo.

Tras asumir el control sobre gobierno escocés en 1567, Jaime VI se acostumbró a disfrutar un reinado prácticamente a su antojo sobre Escocia; sin embargo, este no sería el caso del gobierno de Inglaterra, que acumulaba mucho poder en manos de los parlamentarios. Al heredar el trono inglés en 1603, Jaime I, tal como fue conocido una vez heredó la corona inglesa, aprendería pronto que el alcance de su poder político no era nada comparado con su dominio de Escocia. Sin embargo, era un hombre pacífico que no buscaba quitarse de encima estas leyes gobernando simplemente con mano de hierro.

Aunque acumuló una gran deuda personal, su reinado no se vio afectado por las dificultades. No se puede decir lo mismo de su hijo, el Rey Carlos I.

Carlos I no fue una figura popular entre sus súbditos. En 1625, se casó con una princesa francesa católica romana, Enriqueta María, lo que era muy impropio para el gobernante de una famosa nación protestante. Francis Bacon estaba muy en contra del matrimonio, insistiendo, sin éxito, en que Carlos se casara con una princesa de uno de los protestantes reinos vecinos. Se consideró también seriamente el matrimonio con una de las princesas españolas de los Habsburgo en un intento de alinear a España e Inglaterra de forma beneficiosa. Sin embargo, el rey no estaba por ser disuadido, y así, Carlos se casó con Enriqueta María, hija del rey borbón Enrique IV de Francia, un año antes de ser coronado rey de Inglaterra e Irlanda, y por separado, el rey de Escocia.

Carlos I creía en el derecho divino de los reyes, la misma doctrina sostenida por sus monarcas compañeros europeos, lo que significaba que estos reyes habían sido nombrados en sus cargos por Dios. Creyendo tal cosa, la frustración de Carlos por las continuas críticas del Parlamento tenía una simple solución: deshacerse del mismo. No eran necesarios según el derecho divino; solo Carlos lo era para gobernar sus tierras de acuerdo con su voluntad. En 1629, despojó a todos los parlamentarios de su cargo. Durante más de una década entera, el rey gobernó sin un cuerpo consultivo público, un período de la historia que fue denominado el Gobierno Personal, o la Tiranía de los Once Años.

La impopularidad del joven rey no iba a disminuir, ya que pronto trataría de revivir un arcaico impuesto sobre los navíos. Este tributo se había recaudado de forma intermitente a lo largo de la historia de Inglaterra, pero los miembros de los condados interiores de la nación nunca habían tenido que pagarlo durante todos los siglos de su existencia. El impuesto sobre los barcos, o el dinero de los barcos, tal como se le llama a veces, requería que los condados costeros proporcionaran al monarca un cierto número de buques o pagaran un impuesto equivalente a cambio de una potente defensa naval. Carlos I declaró que todas las regiones de Inglaterra debían pagar la misma cantidad, sin importar si lindaban con el mar. El Parlamento de Inglaterra habría rechazado con seguridad tal impuesto, pero sería implementado con gran dolor para el pueblo de Carlos.

Carlos insistió en que los que no pagaran el impuesto deberían ser castigados, sin importar su rango, y esto lo rebajaba todavía más a los ojos de la nobleza. En aquel momento, se consideraba inapropiado someter a los miembros de la aristocracia a los mismos tipos de multas y castigos que los plebeyos. Sin embargo, sin el Parlamento, el rey no podía lograr fácilmente el dinero que necesitaba para llevar a cabo sus diversos planes, ya que hubiera sido tarea de la institución acordar los esquemas tributarios e imponerlos. Por esta razón, Carlos I se fundamentó en el impuesto de los barcos y en otras formas medievales de impuestos que habían sido olvidadas por la ley inglesa o escocesa. Incluso desenterró una antigua ley que requería que cualquier hombre que ganara más de 40 libras al año sirviera a la corona como caballero, lo que le haría servir a su ejército en defensa de los perseguidos protestantes franceses, llamados hugonotes.

Para 1640, Carlos I se encontraba en bancarrota y sin dinero para gobernar, gracias al cese del Parlamento. Así que decidió nombrar uno nueva que incluiría al pronto infame Oliver Cromwell. Con el gobierno de nuevo en acción, el rey se centró en la renovación de la Iglesia de Inglaterra, así como de la Iglesia de Escocia. Ninguna de las dos poblaciones estaba entusiasmada con el cambio, sin embargo, la primera habiendo sido sometida solo un siglo antes a la Reforma del rey Enrique VIII.

Carlos I no estaba convencido de la duración de la forma de religión existente en su reino, y sin embargo, se preocupó por el cisma entre católicos y protestantes. Creía que la respuesta consistía en ofrecer mayores concesiones a los católicos dentro de la existente doctrina de la Iglesia de Inglaterra, como las que había eliminado la reina Isabel I antes de que el padre de Carlos tomara el trono. El rey apoyó en especial lo que denominó alto anglicanismo, una versión sacramental de la Iglesia de Inglaterra en la que algunas de las ceremonias del catolicismo fueron devueltas a la religión reformada.

Nuevamente, esta sería una idea muy controvertida. El padre de Carlos I había escrito la Biblia del rey Jaime en un intento de unificar aún más al pueblo de Inglaterra y Escocia bajo una única fe, pero los que se salían de la norma y los que no estaban conformes seguían siendo muy numerosos. Carlos I decidió apaciguarlos implementando su propia interpretación de la religión, que comenzó por otorgar a la Iglesia de Inglaterra de una naturaleza más formal. El representante de Carlos, el arzobispo de Canterbury, William Laud, sustituyó las mesas de madera de las iglesias por altares de piedra parecidos a los de una catedral. El movimiento les parecía un regreso al catolicismo a muchos, y protestaron vehementemente.

Escocia se rebeló primero, comenzando las guerras de los Obispos en 1639 cuando su clero intentó derrocar las elecciones de Carlos I a obispo. Escocia ya había sido extremadamente infeliz al recibir la nueva versión de rey del Libro de oración común, que fue reescrito como alto anglicano. El Parlamento comenzó a retirar el control al rey, y liderados por Oliver Cromwell y Robert Devereux, conde de Essex, los desertores trabajaron por abolir completamente la monarquía. Surgirían una serie de conflictos en los años siguientes, pero Carlos no declararía la guerra abiertamente hasta agosto de 1642.

Los parlamentarios de Cromwell acabaron derrotando a Carlos, que se vio obligado a rendirse a las fuerzas enemigas en 1646, poniendo fin a la primera guerra civil inglesa. La guerra volvió a estallar en 1648, cuando Carlos, que todavía estaba prisionero, trató de pactar con fuerzas externas para cambiar el curso de la guerra en su favor. Finalmente, el rey caído fue juzgado por traición y declarado culpable en 1649, poniendo fin a la segunda guerra civil inglesa. El Parlamento lo decapitó frente al Palacio de White Hall ese mismo año, aunque su cuerpo fue enterrado de forma ceremonial en la Capilla de San Jorge en Windsor. Inglaterra, Irlanda y Escocia habían abolido efectivamente la monarquía, dejando al Parlamento, principalmente a Oliver Cromwell, a cargo.

Carlos II, heredero del trono de su padre, fue considerado en lo sucesivo como el nuevo rey por los monárquicos; aunque, oficialmente, había sido encausado en 1651 durante la tercera guerra civil inglesa, que fue la última guerra civil terminando con posterioridad ese mismo año. Mantenido a salvo durante el curso de la guerra civil, Carlos II sería finalmente repuesto en su cargo de rey de Escocia, Inglaterra e Irlanda en 1660 tras la caída de Cromwell y del gran apoyo a la monarquía en declive. Desde el punto de vista constitucional, el resultado de la guerra civil inglesa sería el de no permitir a los futuros monarcas gobernar sin el consentimiento expreso del Parlamento. Ello cambió para siempre lo que se convertiría en el Imperio británico.

Capítulo 14 – La Sociedad Real de Londres

1660

El mismo año en que Carlos II fue coronado rey de nuevo, se fundaría en Inglaterra el Colegio para la Promoción del Aprendizaje Experimental Físico-Matemático. Este largo título ser cambiaría finalmente por el de Sociedad Real de Londres, y sus fundadores fueron Isaac Newton, Robert Hooke, y un puñado de otros filósofos naturales residentes en Inglaterra. Habían sido muchos años para ponerlo en marcha, y la última pieza del rompecabezas era el respaldo del monarca reinante. El grupo no estaba interesado en la persecución de la causa de muchos otros republicanos que seguían intentando lograr un estado libre de monarquía; en su lugar, apostaron su futuro al poder de la repuesta familia real que permanecería a la cabeza del gobierno inglés.

Según la sociedad, que continúa siendo la organización científica nacional más antigua del mundo, el propósito de la misma era polifacética. Las diversas funciones de la institución eran (y siguen siendo) fomentar la investigación, reconocer los logros científicos, apoyar la excelencia científica, orientar las políticas y promover la colaboración y la educación. Estos principios fueron ampliados para incluir las numerosas propiedades coloniales de Gran Bretaña y más tarde a las naciones del Commonwealth gobernadas por la corona.

John Wallis, un eminente matemático de la sociedad, escribió lo siguiente sobre la formación de la organización.

> Hacia el año 1645, mientras vivía en Londres (en una época en que, a causa de nuestras guerras civiles, los estudios académicos se veían muy interrumpidos en nuestras dos universidades)... Tuve la oportunidad de conocer a diversas personas de provecho, a la inquisitiva filosofía natural y a otros aspectos del aprendizaje humano; y en particular a lo que se ha llamado la Nueva Filosofía o Filosofía Experimental. Acordamos varios de nosotros, reunirnos semanalmente en Londres en un cierto día y hora, bajo pena de una cierta multa, y de una contribución semanal para el cargo de los experimentos, con ciertas reglas acordadas entre nosotros, para tratar y dialogar acerca de tales asuntos...
>
> Alrededor de los años 1648-49, algunos de nuestros compañeros fueron trasladados a Oxford (primero el Dr. Wilkins, luego yo, y poco después el Dr. Goddard), nuestra compañía se dividió. Los de Londres continuaron reuniéndose allí como antes y nosotros con ellos, cuando tuvimos ocasión de estar allí, y los de Oxford... Y varios otros, continuaron tales reuniones en Oxford, y pusieron allí de moda tales estudios.[22]

En el invierno de 1661, los participantes en ambos lugares debatieron el nombre de la compañía y sobre el cómo se obtendría una carta real de constitución. Las reuniones diplomáticas con los consejeros del rey hicieron avanzar el plan con escasos problemas, y la carta de constitución quedó impresionada con el Gran Sello Real el 15 de julio de 1662. A partir de entonces, la Sociedad Real de Londres existió oficialmente como una organización con el pleno apoyo del rey. Carlos II fue nombrado como oficial fundador de la

---

22 "History of the Royal Society of London". Royal Society Web.

Sociedad Real de Londres para la Mejora de los Conocimientos Naturales. El 23 de abril de 1663 se firmó una segunda carta real, y la sociedad ha mantenido el apoyo oficial de todos los monarcas británicos posteriores desde entonces.[23]

Lord William Brouncker fue el primer presidente de la Sociedad Real. En cumplimiento de deversas de leyes y reglamentos, la sociedad se organizaría para ser regulada por su consejo, encabezado por el presidente electo. Los miembros del consejo y el presidente, que fueron (y siguen siendo) elegidos por los miembros permanentes, continúan como núcleo administrativo de la Sociedad Real hasta el día de hoy. Poco después de recibir su carta real, el grupo comenzó a publicar su propia revista, *Transacciones filosóficas de la Sociedad Real*. Actualmente es la revista científica más antigua que existe, y sus números fueron parte habitual de la República de las Letras.

La experimentación científica sería un foco primario de la Sociedad Real en aquellos primeros años de existencia, y el químico Robert Hooke dirigió la mayoría de ellas. El trabajo de Hooke en estos experimentos abarcó una amplia variedad de ciencias emergentes, incluyendo la óptica, la astronomía y la biología. El primer telescopio de Hans Lippershey sería inventado solo ocho años después de la creación formal de la sociedad, tras ello, Hooke se vería inundado de peticiones para observar con una mayor proximidad diversas partes de la Tierra y de las estrellas. Sus experimentos descubrieron algunos de los primeros microorganismos y mostraron las rotaciones de Marte y Júpiter. El libro de 1665 de Hooke, *Micrografía*, detalló sus investigaciones utilizando un microscopio para el examen de restos fósiles, lo que le llevaría a engendrar las primeras hipótesis sobre la evolución biológica.

La sociedad debatió mucho acerca de la posibilidad de abrir su propio colegio formativo. Con anterioridad de 1666, se usó como lugar de reunión un edificio en el Gresham College de Londres, pero

---

[23] "Prince of Wales opens Royal Society's refurbished building". The Royal Society. 7 July 2004.

el campus quedó temporalmente fuera de servicio cuando el Gran incendio de Londres arrasó la ciudad. El grupo se trasladó posteriormente a Arundel House, y durante 1667, los miembros de la Sociedad Real dieron darían pasos firmes hacia la creación de su propio campus. Celebraron reuniones, recaudaron fondos y trazaron los planos de los edificios, que incluirían viviendas para los miembros y los huéspedes e incluso potencialmente una biblioteca y una capilla. Sin embargo, el entusiasmo por el proyecto pronto se desvanecería, y en 1673, la sociedad se trasladó de nuevo al Gresham College. [24]

En el siglo XVII, la Sociedad Real se enorgullecía de contar como miembros a algunas de las personas más famosas e inventivas de Inglaterra y Europa, como Isaac Newton, Christopher Wren, William Cavendish, Antonie van Leeuwenhoek y Robert Boyle. Fue una época de increíble crecimiento científico en Inglaterra, y el influyente alcance de la sociedad continuó durante el resto de la Ilustración europea.

El lema del grupo es *Nullius in verba*: En las palabras de nadie.

---

24 Tinniswood, Adrian. The Royal Society. 2019.

Capítulo 15 – Marie du Moulin

(1622-1699)

Marie du Moulin fue una escritora y estudiosa holandesa cuya participación en la República de las Letras es indicativa de la existencia de un círculo mucho más amplio de mujeres profesionales e intelectuales pertenecientes al grupo. Aunque no se conoce mucho sobre du Moulin, como los detalles sobre su nacimiento o de grandes periodos de tiempo durante su edad adulta, los historiadores han descubierto el hecho de que era hija del famoso teólogo francés Pierre du Moulin.

Pierre fue profesor en las universidades francesas de Leiden y Sedan, y además de Marie, fue padre de al menos otros diecisiete hijos. Al ser una de las hermanas mayores, Marie era responsable de la mayor parte del cuidado de su joven y considerable familia, pero también encontraría el tiempo suficiente como para continuar con su educación. Al igual que su padre, se interesó por los debates teológicos, y desde muy joven se sumergió en la compañía de otros que valoraban esta clase de discurso.

En 1633, Marie du Moulin se mudó de Francia a La Haya en los Países Bajos para quedarse con su tía, que era por quien se le había puesto su nombre. La anciana Marie estaba casada con André Rivet, otro conocido teólogo de la época. Rivet también era un hugonote francés, una secta protestante bastante popular en aquella parte de Europa. Durante el siglo XVII, los hugonotes franceses fueron duramente perseguidos en la Francia católica romana, lo que explica por qué muchos como Rivet, y con el tiempo, Marie du Moulin, emigraran a tierras holandesas amigas del protestantismo.

Junto a sus tíos y amigos, Marie se sintió motivada para continuar con estudios adicionales que le permitieran expandir sus conocimientos. Se convirtió en una mujer políglota, famosa por aprender a leer y escribir en hebreo. Durante sus veinte años en la casa Rivet, du Moulin hizo amistad con hombres y mujeres como Anna Maria van Schurman, Pierre Bayle y Valentin Conrart, manteniendo todos ellos un común objetivo de mejora constante. Marie, su tío, y muchos de sus amigos comunes escribieron e intercambiaron correos en el seno de la República de las Letras.

Su posición como protestante alejada del baluarte de la Europa católica significó que Marie du Moulin tuviera la oportunidad de participar en discusiones teológicas sin temor a repercusiones políticas. Incluso lo hizo en una de esas conversaciones entre Rivet, van Schurman y otros amigos de la familia el día en que filosofaron sobre la famosa historia de Joan d´Arc, mejor conocida en español como Juana de Arco.

Una firme heroína de la Francia católica, esta Juana de Arco del siglo XV creyó que había sido contactada por el Arcángel Miguel, Santa Margarita y Santa Catalina de Alejandría a través una serie de visiones. La creencia de la joven en la verdad de las mismas la llevó a exigir un encuentro con el delfín Francés Carlos VII para ofrecerle su ayuda en su guerra contra el dominio inglés. Sorprendentemente, el Rey Carlos VII quedó convencido de la historia de la joven y envió a Juana como parte del ejército de apoyo al campo de batalla de Orleans. La lucha terminaría allí solo nueve días después de la llegada de tales tropas, señal que muchos en la corte francesa verían como la prueba de que Juana participaba en una misión divina. Una serie de victorias en el campo de batalla pronto llevarían a la muy esperada coronación de Carlos VII como rey de Francia.

El debate sobre Juana de Arco puede parecer ordinario para un filósofo moderno, pero para un grupo de franceses del siglo XVII, bajo la constante amenaza de la Inquisición católica, cuestionar los méritos de un mártir religioso era causa de encarcelamiento, si no de muerte. Aunque no tan sangrienta como en siglos anteriores, la Inquisición seguía trabajando duro para eliminar a los llamados herejes de entre los católicos en Francia y España, y la vida no era segura para la gente que quisiera explorar otras ideas religiosas.

Du Moulin regresó a Francia en 1655 para cuidar a su anciano padre durante sus restantes años de vida. Tras su fallecimiento en 1658, Marie compró la casa familiar y vivió allí con su primo, Pierre Jurieu. Pierre era profesor en la Universidad de Sedan, pero esta institución sería en 1681 como parte de una serie de cierres que afectaban a las organizaciones hugonotes. Temiendo por su seguridad, Marie y Pierre dejaron Francia una vez más para marchar a los Países Bajos. Pierre conseguiría allí otra cátedra en un colegio universitario de Rotterdam.

En 1683, el ayuntamiento de Haarlem contactó con Marie du Moulin y le pidió que fuera la directora de un nuevo internado para hijas de nobles hugonotes que habían huido de Francia. Aunque du Moulin solo ocuparía este puesto hasta 1686, su tiempo en la escuela sería inspirador. Descubrió que podía ayudar y apoyar a clases enteras de niñas y jóvenes a la vez y así cambiar el curso del futuro.

Cuando regresó a Francia en 1686, du Moulin fue arrestada como hugonota. Sería encarcelada y luego enviada a un monasterio para jóvenes católicos. Sin embargo, escapó huyendo a los Países Bajos una vez más. Encontrándose de nuevo en La Haya, se convirtió en directora de una pensión fundada por la princesa de Orange, que pronto se convertiría en la reina María II de Inglaterra, y fue puesta de nuevo a cargo de las mujeres protestantes refugiadas de Francia. Sus lecciones y orientaciones en el internado fueron sin duda formativas para toda una generación de mujeres cuyas vidas podrían haber terminado de lo contrario de una forma dolorosa.

Marie du Moulin permaneció en la escuela por el resto de su vida, falleciendo en 1699.

Capítulo 16 – Conflicto en la Sociedad Real

(1668-1669)

La Ilustración fue, en efecto, una época de mejora de la ciencia y la ética, pero los científicos de la Sociedad Real de Londres no estaban de forma alguna libres de sus egos humanos. Varias veces en el curso de la larga historia de la sociedad, han surgido discusiones entre miembros o entre miembros y los invitados. Una de estas disputas sucedió al principio de la vida de la Sociedad Real, y se produciría entre dos de sus más famosos miembros: Robert Hooke e Isaac Newton.

El problema comenzó nada más presentar Newton su primer trabajo científico a la sociedad en 1672.[25] Su aparición en la institución ayudó a solidificar su reputación como excelente matemático y científico debutante. Sin embargo, había un hombre que no estaba tan impresionado, y se trataba de Robert Hooke, un miembro original de la institución. El problema radicaba que Newton había realizado algunas hipótesis sobre la óptica, y Hooke, cuya profesión era precisamente esta, las consideró incorrectas.

---

[25] Moiz, Aimah. "Bitter Rivals, Hooke Versus Newton". Spectra Magazine. 2018.

Newton afirmaba que la luz estaba compuesta por siete colores dentro de su espectro y que estos estaban compuestos por partículas. Hooke, sin embargo, creía firmemente que la luz no estaba compuesta de partículas, sino que era una onda. Hooke era el único con estas creencias, pero parece haber sido el único miembro de la sociedad que se tomó de una forma personal el estudio Newton personalmente. Ambos comenzaron un intercambio epistolar para aclarar muchos de los detalles de su trabajo, bastantes de los cuales Newton no tardó en abordar.

La siguiente es una de las primeras cartas escritas por Newton en respuesta a las críticas de Hooke.

11 de junio de 1672

Señor:

Le he enviado mis respuestas al Sr. Hook y a P. Pardies, que espero que le den la satisfacción que le prometí. Y como no existe nada en las consideraciones del Sr. Hook con lo que no me encuentre satisfecho, presumo que tampoco hay mucho en las mías como para que él pueda estar en contra, ya que verá que he evitado afanosamente el mezclar expresiones indirectas y sesgadas en mi discurso...

Su servidor,

I. Newton[26]

John Collins, matemático y miembro de la Sociedad Real desde 1667 hasta su muerte en 1683, escribió lo siguiente sobre el asunto:

> El Sr. Hooke afirmó además que en el año 1664 construyó un pequeño tubo de aproximadamente una pulgada de largo, para poner en su llavero, que funciona mejor que cualquier Telescopio de 50 pies de largo fabricado de forma común; pero como la peste provocó su ausencia y el incendio le reportó beneficiosos empleos en la ciudad, no siguió con él, ya que no quiso que los fabricantes de vidrio conocieran nada

---

26 "Newton's Reply to Hooke and the Theory of Colours". The University of Chicago Press Journals. 1963.

del secreto, se dice que Gottignies, el erudito de Gregorio de San Vicente, del que se conservan sus restos, hizo unos magníficos telescopios en Roma publicando allí un tratado sobre Dioptricia.[27]

Con esta nota, Collins revela cómo Robert Hooke reaccionó a las instrucciones de Newton sobre la fabricación de un telescopio moderno. Hooke afirmaba que el tubo del telescopio no tenía por qué tener seis pies de largo, como recomendaba Newton, ya que él mismo había inventado una vez uno de solo una pulgada de largo que aparentemente funcionaba mejor que cualquiera de los grandes telescopios que hubiera utilizado desde entonces. Sin embargo, el pequeño telescopio no había sido reportado a la comunidad científica, porque la ciudad había sido golpeada por una plaga había golpeado la ciudad, y hubo también un incendio con posterioridad. Además de eso, Hooke comentaba que no quería revelar sus secretos a los vidrieros locales.

Isaac Newton y Robert Hooke nunca se hablaron de forma grosera, al menos en sus cartas, pero era bien conocida su tensa relación. Tras la admisión de Newton en la Sociedad Real, poco después de su primera aparición por el lugar, la pareja continuaría discutiendo sobre las aparentes características de la luz. Casi todos los inventos o teorías presentados por Newton vieron la necesidad de Hooke de ser desacreditados o minusvalorados de alguna manera, a menudo afirmando haber realizado afirmaciones parecidas antes que él, y particularmente con posterioridad a que este último presentara los primeros borradores de su último libro *Óptica* a la sociedad.

Aunque Hooke no era el único en desacuerdo con la idea de la luz como partícula, se encontró solo en los ataques profesionales contra Newton. Newton defendió su investigación de forma vigorosa y sometió su trabajo directamente a *Transacciones filosóficas de la Sociedad Real*. Esto, sin embargo, no hizo nada por resolver el conflicto, y Newton amenazó con abandonar la sociedad en marzo de

---

27 Ibid.

1673, harto de que su trabajo fuera tan duramente criticado por un compañero.

Sin embargo, Newton siguió siendo popular dentro de la institución, así como entre el público. Sus amigos de la sociedad aliviaron la tensión y le convencieron para que siguiera con ellos. Tres años más tarde, en 1676, Hooke se burlaría nuevamente de Newton, acusándolo públicamente de plagiar su propio trabajo sobre las propiedades de la luz. Durante los siguientes años, los dos hombres continuaron su rivalidad a través de un interminable intercambio de agresivas cartas hasta que Newton se hartó en 1678. Sufriendo aparentemente un colapso psiquiátrico, el famoso científico se retiró de la vida pública y buscó un pasatiempo más pacífico.

La disputa, sin embargo, estaba lejos de haber terminado. Cuando Hooke contó a sus compañeros de la sociedad que había resuelto la relación matemática entre dos cuerpos celestes en 1684, no pudo entregar la prueba, aunque tenía una idea concisa. Ansioso por tener resueltos los números, el astrónomo Edmund Halley visitó a Isaac Newton y preguntó si podría ser capaz de resolverlo. Newton respondió que ya lo había hecho pero que había perdido los papeles. Se pondría a trabajar intensamente para volver a armar los números.

Halley mismo financió la publicación de estas ecuaciones, que fueron una parte importante del innovador libro de Newton, *Filosofía natural principios matemáticos*. La gente que pudo entender el libro quedaría asombrada por la habilidad de Newton para diseñar ecuaciones matemáticas operativas que explicaran las leyes del movimiento mejor que lo que Kepler ya había hecho. Sin embargo, una vez más, Robert Hooke tendría un problema. Según este, las ecuaciones matemáticas que Newton había usado para definir parte de la relación entre los cuerpos celestes habían sido copiadas de su propio trabajo.

Hooke contó a los miembros de la Sociedad Real que Newton había robado su teoría de la ley del cuadrado inverso para explicar la física en su libro, argumentando que, sin su propio trabajo, no existiría ningún *Principios*. Aunque Newton se había asegurado de agradecer a sus colegas en las notas de su libro, incluyendo a Hooke, por toda su ayuda y aportes, se mantuvo firme en que había realizado sus propias matemáticas. Pensó en cancelar la impresión de la última parte del libro, pero Halley lo convenció de que eso sería un grave error.

Hooke y Newton nunca conciliarían sus diferencias de forma adecuada, y la tensión entre ellos continuó hasta la muerte de Hooke en 1703. Irónicamente, Newton regresó a la sociedad para servir inmediatamente como su presidente después de la muerte de su antagonista.

Capítulo 17 – Charles-Louis de Secondat (Montesquieu)

(1689-1755)

Charles-Louis de Secondat, el barón de La Brède et de Montesquieu (conocido por la historia simplemente como Montesquieu), fue un juez francés y un filósofo especializado en política. Nacido en 1689, Montesquieu estuvo muy influenciado por la Revolución gloriosa de Inglaterra y la posterior unión de Inglaterra y Escocia como un solo reino. Estos acontecimientos ejercieron le influenciarían para participar en la política y ayudar a dar forma a la estructura fundamental de los futuros gobiernos republicanos, incluido el de su propio país.

Montesquieu comenzó su carrera como abogado tras obtener su título de abogado en la Universidad de Burdeos. En 1708 se trasladó a París buscando trabajo y permanecería allí durante varios años hasta la muerte de su padre en 1713. A su regreso al Château de la Brède, Montesquieu se casó con la hija de una rica familia protestante, ganando al mismo tiempo una esposa y una gran dote. Unos años más tarde, su tío le daría otra gran suma. Estas inesperadas ganancias económicas permitieron que Montesquieu reconsiderara su carrera como abogado, decidiendo finalmente retirarse para estudiar ciencias y escribir libros.

Tuvo éxito en el mundo literario con la publicación su primer libro, *Cartas persas*, en 1721; era una sátira en la que dos persas ficticios realizan un viaje a París. Antes de salir de casa, el turista mayor pone a sus múltiples esposas al cuidado de sus esclavos eunucos. Mientras están fuera de casa, los dos hombres mantienen correspondencia regular con personas persas, y a través de sus cartas, descubrimos una fascinante imagen de la cultura occidental, muy contrastada con la del mundo islámico. Los asuntos políticos son tratados con frecuencia, incluyendo una aguda referencia satírica al sistema de John Law. John Law, un economista escocés en la misma línea que Adam Smith, pensaba que la riqueza de una nación residía en el comercio, no en la moneda.

Cartas Persas no estaba destinadas a ser una novela, explicaría más tarde Montesquieu, pero adquiriría como tal una gran acogida en toda Europa. De hecho, el libro sirve como principal ejemplo de lo que hoy en día se denomina una novela epistolar, consistente en una colección de cartas. Gracias al gran éxito de la obra, su autor pudo continuar su carrera como escritor.

Diez años más tarde aproximadamente, en 1734, Montesquieu publicó *Consideraciones sobre las causas y la grandeza de los romanos y su decadencia* en 1734. El libro era marcadamente diferente de su primera publicación, ya que no se trataba de una obra satírica sino la culminación de una cuidadosa investigación histórica. En origen, *Consideraciones* solo pretendía ser un breve ensayo sobre el tema elegido por el escritor, pero Montesquieu descubriría que el tema era inagotable. La primera edición publicada contenía 277 páginas, y cubría una detallada historia de la República y el Imperio romano, comenzando en el año 753 a. C. con la fundación de Roma y terminando en 1453 con la caída de Constantinopla.

Aunque *Consideraciones* era totalmente distinto del libro que introdujo a Montesquieu en la Europa literaria, recibió todavía más atención y es considerado por muchos como una obra maestra. En sus páginas, Montesquieu afirma que las principales políticas de Roma sobre la riqueza, la expansión y el poder naval fueron la fuente del gran éxito del Imperio romano y la causa última de su caída. Cree que, con el tiempo, el poder del imperio privó a sus ciudadanos de los sentidos del orgullo y el deber cívicos, y observa un constante descenso de la moral general, tanto en los ciudadanos de Roma como en sus líderes, solo levantados en algunos periodos gracias al excelente liderazgo de emperadores como Marco Aurelio.

El libro sería una contribución ideal a la despensa europea, particularmente debido a la importancia que se le otorgó al sistema educativo grecorromano durante la Ilustración. Había comenzado durante el Renacimiento y continuaría por algunos siglos más en los centros educativos de las familias más ricas e influyentes de Europa. Los europeos tenían una sed incuestionable por comprender todo lo que pudieran sobre las personas cuya civilización consideraban parte de su propia historia compartida. Como consecuencia de ello, la carrera como escritor de Montesquieu sería gran éxito.

Su siguiente proyecto sería todavía más aclamado por la crítica que sus libros anteriores. Lanzado anónimamente en 1748, fue llamado *El espíritu de las leyes*. Apenas tres años tras su publicación, el libro fue incluido en Índice de los libros prohibidos por la Iglesia católica. De hecho, incluía algunos temas realmente controvertidos, entre ellos, una reorganización básica del poder estatal.

Montesquieu afirmó que los elementos culturales y demográficos de un grupo de personas deben ser tomados en consideración para gobernar con efectividad. Concretamente, abogó por un sistema de gobierno constitucional en el que las diversas funciones de gobierno estuvieran separadas unas de otras. Esto, sostenía, también dependería de la preservación de las libertades personales, lo que incluía la abolición de la esclavitud. Utilizando el término "libertad política" para describir su sistema político ideal, Montesquieu se vio obligado a explicar que sus teorías requerían que la sociedad dejara de lado dos ideas erróneas comunes sobre las libertades. La primera es la de que la libertad es lo mismo que la democracia; la segunda es que la libertad significa hacer lo que quieras.

El libro fascinó a las audiencias, y a pesar de haber sido prohibido poco después de su publicación, *El espíritu de las leyes* situaría una idea crucial en la mente de los pensadores de la Ilustración: la organización de los gobiernos en diversas ramas para que cada una de ellas pudiera ejercerse de manera óptima. Separar el gobierno en secciones, como la federal, la legislativa y la municipal, dividiría el poder y evitando, por tanto, la corrupción.

Montesquieu viajó extensamente por toda Europa, pasando varios años en Austria y Hungría mientras escribía multitud de libros y ensayos y buscaba materias de estudio de relevancia. También vivió un año en Italia y año y medio en Inglaterra, donde sus ideas fueron muy apreciadas en el reinado posterior a la guerra civil que no tuvo lealtad alguna a la Iglesia católica. En Inglaterra, se uniría a la sociedad de los masones, considerada como un eminente grupo de intelectuales y líderes políticos. Sin embargo, finalmente sufriendo mala salud y quedando ciego, el famoso escritor regresó a Francia. Moriría en 1755, a la edad de 66 años, tras haber sufrido una corta enfermedad con un proceso febril.

Aunque falleció a mediados de siglo, las ideas de Montesquieu sobre la igualdad, la separación del gobierno y el final de la esclavitud continuaron vigentes, resultando particularmente inspiradoras para los franceses, así como para la colonia americana de británicos situada al otro lado del océano Atlántico.

Capítulo 18 – Reformas Sociales y las Casas de Trabajo

(De 1700 en adelante)

Samuel Hartlib y su famoso círculo abogaron por mejoras en beneficio de los más pobres de Europa. Uno de los particulares proyectos defendido por Hartlib sería el de las casas de trabajo, unos lugares que imaginó proporcionarían ocupación, refugio y servicios básicos a los residentes sin hogar y sin esperanza de Europa.

Las leyes de bienestar social en la mayor parte de Europa eran muy deficientes. Las casas de trabajo tenían sus raíces en el deseo del gobierno y los gobernantes de eliminar a los mendigos y vagabundos de los paisajes metropolitanos. En la década de 1690 existiría un conglomerado de bridewells, prisiones destinadas a delitos menores.

Los gobiernos centrales de Dinamarca comenzaron a cambiar sus opiniones sobre la ayuda, el desempleo y el trabajo correctivo. Sin embargo, los intentos por cambiar estos problemas sociales no fueron del todo exitosos. El documento fundacional de Odense afirma categóricamente que su propósito era "asustar a todos aquellos que disfrutan del vagabundeo y del comportamiento disoluto, y repelerlos de una provincia en la que corran el riesgo de perder su libertad, y en la que las autoridades se esforzarán con todos los medios a su alcance para obligarlos a hacer lo que más les disgusta, a saber, ganarse el pan y la subsistencia mediante un trabajo honrado..."[28]

En la temprana Dinamarca moderna, ni el gobierno central ni las autoridades locales parecían haber tenido los recursos suficientes o la voluntad de examinar los factores fundamentales y los tipos de comportamiento antisocial, el vagabundeo y la pequeña delincuencia hasta los últimos años de la Ilustración. Se construyeron tres casas de trabajo en las ciudades de Ámsterdam, Nieuwe Pekela y Middleburgh. Muchos reconocieron que, por lo general estas instituciones, no tenían éxito, quejándose en particular de la potencial corrupción de menores, aunque aparentemente no podrían lograr el cambio institucional requerido. En la vecina Bélgica, existieron cinco casas de trabajo en otras tantas ciudades en 1777.

Para la mayoría de las ciudades y parroquias pequeñas, la casa de trabajo no dejaría una significativa huella cultural hasta la era victoriana. Fueron defendidas con mayor intensidad en Gran Bretaña, donde la Reina Victoria respondió al incremento de los sin hogar y a la pobreza desenfrenadas de su reino actualizando las antiguas leyes de los pobres del reino, que se habían puesto en práctica ya en el siglo XIV y habían sido revisadas por los Tudor y los sucesivos monarcas. De hecho, las nuevas leyes de la pobreza serían promulgadas en 1834 por el abuelo de Victoria, el Rey Guillermo IV, no obstante, tendrían un enorme impacto en el reinado de Victoria, de longevidad mayor a los 63 años.

Con anterioridad a las leyes de 1834, el cuidado de los pobres del reino recaía en los párrocos que recaudaban impuestos a la nobleza y los repartían según su voluntad. Desafortunadamente, en los siglos XVII y XVIII, durante los que tendría lugar la Ilustración, existían más desempleados y personas sin hogar de lo que estas parroquias podían administrar, y la nobleza era firmemente contraria a cualquier incremento de los impuestos para el cuidado de los pobres. Este sistema de atención necesitaba una drástica revisión, y en lo que

---

28 H. Chr. Johansen. Naering og bystyr. 1983.

respecta a Gran Bretaña, el futuro de esta estructura se centraría en la casa de trabajo.

Las parroquias seguían siendo responsables de las decisiones relativas a la atención de los pobres, pero a finales del siglo XVIII, cada vez más de ellas comenzarían a edificar sus propias casas de trabajo locales a los que los miembros de los pueblos y familias sin perspectivas de trabajo pudieran ser enviados. Aunque de forma aparente estos lugares se anunciaron como lugares de atención a los más necesitados, otros opinaban que las casas de trabajo parecían aterradoras y lúgubres a propósito para motivar a los pobres a ocuparse en otros trabajos. Dado que todos los hombres, mujeres y niños quedaban registrados en la casa de trabajo local si se les encontraba durmiendo en las calles o pidiendo limosna, la única manera de salir del lugar era encontrar un empleo en otro sitio. Para las mujeres, ello significaba a menudo la prostitución o el servicio doméstico; para los hombres, era común que trataran de ser enviados a prisión para escapar de las largas horas de tedioso trabajo. Por lo demás, los intentos de fuga solían ser duramente castigados, sobre todo en el caso de los niños, que solían ser huérfanos y que, por la parte que le tocaba al estado, no tenían adónde ir.

Las personas que apoyaron las nuevas leyes de los pobres pensaban que disminuirían el coste de la atención a los necesitados y promoverían el auto-sostenimiento de los alojados en tales instalaciones. Estos lugares estaban equipados con servicios residenciales, incluyendo sitios donde dormir y comer, pero su principal objetivo era el de reunir adultos y niños sanos para hacer una variedad de tareas. Las renovadas leyes de los pobres tenían por objeto garantizar que toda persona sin trabajo, hogar o ninguno de ellos fuera alojada en un centro de trabajo local, donde se le proporcionaría comida, alojamiento y un pequeño salario a cambio de largas jornadas de labor. Los niños que formaran parte de la casa de trabajo recibirían cierta educación, pero tanto ellos como los adultos debían de trabajar todos los días.

El trabajo coincidía con la creciente mercantilización de las grandes ciudades británicas como Londres y Manchester, donde habían surgido fábricas para que masas de empleados pudieran fabricar artículos básicos como hilo, cuerda, textiles y cubiertos. También se ocupaban de laboriosos trabajos como triturar rocas para materiales de construcción o moler huesos para fertilizantes. A medida que la Revolución industrial avanzaba, una mayor parte del trabajo era realizada con máquinas peligrosas, lo que provocaba multitud de muertes y lesiones.

Aunque se ponía a trabajar a los que estaban sanos, las casas de trabajo seguían siendo responsables de proporcionar comida y alojamiento a los enfermos y a los miembros de la sociedad que no dispusieran de otros medios para sobrevivir. Muchos de ellos tenían secciones separadas dentro de un gran edificio sin decoración para los enfermos y ancianos. Además de la enfermería para hombres y la de mujeres, existían habitaciones separadas para los trabajadores sanos, así como para los niños y niñas de entre siete y quince años. Otra zona albergaba a los menores de siete años. Ni siquiera a las parejas casadas se les permitía romper las normas de segregación, ya que se consideraba una práctica adecuada para evitar que los pobres tuvieran más hijos.

Según la legislación, las casas de trabajo de toda Gran Bretaña debían estar compuestos por un dormitorio, un lavabo, salas de trabajo, un hospital, un depósito de cadáveres, una panadería, una zona de recepción, un comedor y una iglesia. Normalmente, existía escaso espacio libre. Las habitaciones se hacían lo más pequeñas posible para acomodar los miembros necesarios de la casa de trabajo; se podían construir hasta ocho habitaciones en un espacio de solo 4.8 metros, o se podían colocar 32 adultos en un dormitorio de 6 metros de largo.[29]

De acuerdo a la legislación, los internos de las casas de trabajo de toda Gran Bretaña debían ser despertados a las 5 de la mañana y

---

29 Bloy, Dr. Marjorie. "Conditions in the workhouse". The Peel Web.

asistir a la iglesia a las 6. Tras las oraciones, se les ofrecía el desayuno hasta las 7 de la mañana, después de lo cual se les ponía a trabajar hasta el mediodía. La segunda comida de la jornada llegaba al mediodía, y los trabajadores y los reclusos disponían de una hora para comer, y a eso le seguía otro tramo de trabajo que duraba hasta las 6 p. m. Antes de que los trabajadores pudieran dar por finalizado su día, se les pedía que asistieran a otro servicio de la iglesia que duraba hasta las 7 p. m. A las 7 p. m., la cena estaba programada con una hora de duración, después de la que todos eran libres para volver a sus dormitorios.

Según Edwin Chadwick, inspector de casas de trabajo centrado en mejorar el bienestar de las personas que allí encontró, los reclusos simplemente se sentaban y no hacían nada entre la cena y las 8 de la noche, hora de acostarse. Aunque existían pequeños espacios al aire libre junto a las casas de trabajo, estos se encontraban realmente repletos de personas y carecían de comodidades como los dormitorios.

Chadwick quedó horrorizado por lo que presenció en las casas de trabajo de Gran Bretaña, y se empeñó en forzar un cambio en la gestión para ofrecer mejores condiciones a los que se encontraban en las instalaciones.

> De los 43.000 casos de viudedad y 112.000 casos de orfandad extraídos de las tasas de pobreza de Inglaterra y Gales, parece que la mayor proporción de muertes de cabezas de familia se produjo por... causas evitables... El gasto en el drenado público, de los suministros de agua ubicados en las viviendas y la eliminación de todos los desperdicios... constituiría un beneficio financiero... ya que, reduciría el número de enfermedades y muertes prematuras.[30]

En 1863, el asilo de Dihlstrom en Estocolmo, Suecia, tenía 414 residentes. En cuanto a Noruega, la ciudad de Bergen había construido un asilo exclusivamente femenino, con el propósito

---

30 Chadwick, Edwin. The Sanitary Condition of the Labouring Population. 1842.

aparente de ayudar a las mujeres pobres a mantenerse alejadas de la industria de la prostitución. El Vieb'ltegaard en Svendborg, Dinamarca, había sido con anterioridad asilo de la ciudad; ahora contiene un archivo marino. El Ladegården Copenhague fue hospital de guerra (1733-1767), hospital mental (1768-1833), y tras 1833, una casa de trabajo.

Capítulo 19 – Benjamin Franklin

(1706-1790)

Benjamin Franklin ha sido llamado el "Primer Americano". En 1753, tras muchos años como jefe de correos en Filadelfia, fue nombrado jefe de correos general de las colonias británicas, sería el primer americano jefe de correos general durante la Revolución americana. Trabajó en relaciones públicas, así como en asuntos coloniales, gubernamentales, domésticos e internacionales. Accedió al cargo de gobernador de Pensilvania entre 1785 y 1788, y originalmente fue propietario y traficante de esclavos, pero a finales de la década de 1750, se convertiría uno de los abolicionistas más importantes de las colonias americanas. Benjamín Franklin es bien conocido por ser un polimatemático, así como una de las fuerzas motrices impulsoras de la Ilustración Americana.

Franklin nació en una familia de comerciantes, siendo el décimo hijo entre diecisiete. Los Franklin fabricaban jabón y lámparas, pero uno de sus hermanos aprendió el oficio de impresor a una edad temprana, y en consecuencia se envió a Benjamin a formarse como aprendiz bajo su mando. Junto a su hermano James, comenzaría a aprender el trabajo de la imprenta a la edad de doce años.

Habiendo pasado solo diez años en la escuela, el joven Franklin dominó el oficio de la imprenta entre 1718 y 1723, y sería algo de lo que se enorgullecería durante el resto de su vida. Deseando poseer el talento suficiente para contribuir a esas populares e interminables páginas impresas con las que trabajaba, Franklin estudió constantemente y centró sus esfuerzos en aprender a escribir con una impecable prosa.

Como muchos de sus futuros compañeros, Franklin descubrió que poder componer una obra escrita de relevancia era una habilidad singular y lucrativa en el siglo XVIII. En noviembre de 1724, se trasladó a Londres para buscar trabajo produciendo textos o quizás trabajando en una imprenta. Durante su estancia allí, Franklin escribió un ensayo llamado *Disertación sobre la libertad y la necesidad, el placer y el dolor*. En este trabajo, Franklin argumentaba que, si Dios es realmente todopoderoso y la humanidad no tiene un poder real sobre ella misma, no se puede culpar a los individuos por sus acciones.

A continuación, un extracto del mismo ensayo:

SECC. I. De la Libertad y la Necesidad.

I. Se dice que existe un Primero en Mover Ficha, que se llama DIOS, Creador del Universo.

II. *Se dice que es sabio, bueno y poderoso.*

Estas dos proposiciones son permitidas y afirmadas por personas de casi todas las sectas e ideas; he supuesto que son garantizadas, y las he establecido como base de mi argumentación; lo que sigue entonces, siendo una cadena de consecuencias honestamente extraídas de ellas, se mantendrá o caerá según se trate de verdades o mentiras.

III. Si es absolutamente bondadoso, todo lo que haga debe ser bueno.

IV. Si es absolutamente sabio, todo lo que haga debe ser sabio...

Se dirá, tal vez, que *Dios permite que se realicen malas Acciones, con Fines y Propósitos Sabios*. Pero esta Observación se destruye a sí misma, porque cualquier cosa que un Dios infinitamente bueno realice sabiamente, y que *resulte* en sufrimiento, debe ser buena, por tanto, se convierte en buena, y no puede ser de otra forma.[31]

Se dijo años más tarde que Franklin odiaba ese escrito particularmente y que destruyó todas las copias que pudo conseguir. Solo un año después de publicar la obra, regresaría a las colonias americanas británicas y aceptaría un trabajo en una tienda en Filadelfia. Únicamente tenía 20 años cuando su socio murió, así que Franklin creó otra sociedad y abrió su propio negocio de imprenta.

El primer logro de Franklin y de su nuevo socio fue que se le concediera la tarea de imprimir el papel moneda para Pennsylvania. Gracias a la energía de Franklin, la compañía se convertiría también en la imprenta de papel moneda de Nueva Jersey, Delaware y Maryland. Entre contrato y contrato, Franklin continuó escribiendo artículos y ensayos, publicándolos él mismo. En 1729, publicó *Una modesta investigación sobre la naturaleza y la necesidad del papel moneda*. También promocionó y publicó *La Gaceta de Pensilvania* ese mismo año, que pronto se consideraría como uno de los mejores diarios coloniales en circulación. El *Almanaque del pobre Richard* fue su siguiente gran éxito, publicado cada año entre 1732 y 1757.[32]

Franklin prosperó, a pesar de cometer algunos inevitables errores en los negocios. En posesión del suficiente dinero como para empezar a prestar dinero con intereses y hacer inversiones en propiedades en las colonias costeras y las Indias Occidentales británicas, empezó a acumular una gran cantidad de dinero. También se asoció con otros diversos editores exitosos de todas las colonias convirtiéndose en uno de los hombres más ricos de las colonias americanas. Sería uno de los colonos más ricos de la parte norte del continente norteamericano a principios de la década de 1740.[33] Filadelfia continuó siendo el hogar de Franklin durante algunas décadas, y durante su estancia allí, promovió varios grupos literarios,

---

31 Franklin, Benjamin. "Una disertación sobre la libertad y la necesidad". 1725.
32 "Benjamin Franklin". Encyclopedia Britannica. Web.
33 Ibid.

intelectuales y urbanos, entre ellos el Club del Mandil de Cuero, la Library Company de Filadelfia y la Sociedad Filosófica Americana.

También fue miembro de los masones locales y participó en la organización de la fuerza policial de Filadelfia. Su trabajo con las personas locales le hizo preocuparse por el bienestar de los muchos pobres que luchaban por encontrar un ingreso estable o un lugar para vivir. Escribió ampliamente sobre este tema, así como sobre filosofía. En 1766, apareció en *"El precio del maíz y la gestión de los pobres",* el siguiente extracto:

> Estoy a favor de hacer el bien a los pobres, pero... creo que la mejor manera de hacer el bien a los pobres no es hacerles fácil la pobreza, sino guiarlos o sacarlos de ella. Observé... que cuanto más se hacían disposiciones públicas para los, menos se proveían para ellos mismos, y por supuesto se hacían más pobres. Y, al contrario, cuanto menos se hacía por ellos, más hacían por ellos mismos, y se convertían en más ricos.[34]

En otras palabras, Franklin creía en ayudar a los pobres proporcionándoles trabajos y oportunidades, no poniendo en sus manos dinero de forma gratuita. Se refirió a las casas de trabajo europeas, afirmando que el incómodo estado de tales instalaciones debería motivar a los pobres adecuadamente para encontrar trabajo por sí mismos, en lugar de sufrir por una miseria en beneficio de otros. Los humanos estaban motivados por dos cosas, dijo: evitar el dolor y ser atendidos por alguien más. En la mente de Franklin, Sin embargo, Dios, había creado tal dolor para enseñar las lecciones necesarias para que la gente aprendiera a cuidar de sí misma.

Tras retirarse del trabajo en la década de 1740, Franklin dedicó su tiempo a realizar experimentos eléctricos y a escribir. Escribió *Experimentos y observaciones sobre la electricidad,* por el que se haría internacionalmente famoso. Durante la siguiente década, ocupó varios puestos en el servicio público, incluyendo el de secretario de la

---

34 Ibid. Franklin, Benjamin. "Sobre el precio del maíz y la gestión de los pobres". The London Chronicle. 1766.

ciudad y su ya mencionado puesto de director general de correos. Su positivo interés por la ciencia se situaría en un segundo lugar detrás de su sentido del deber público, y por esa razón, fue una elección obvia para el viaje de 1757 a Londres, Inglaterra, en un esfuerzo por convertir a la colonia de Pennsylvania en una provincia real. Los esfuerzos fueron infructuosos, pero como Franklin era una personalidad famosa, tendría la oportunidad de conocer a muchos de los nombres famosos de Londres, incluyendo a David Hume.

Adorador de la Gran Bretaña y monárquico incondicional, Franklin se sorprendería de ser miembro de los Padres Fundadores de los independientes Estados Unidos de América. Sería cauteloso al aceptar tal papel, y durante todo el proceso de la Revolución americana, mantuvo un respeto personal por Gran Bretaña y por las grandes mentes contemporáneas como Hume, cuyas propias filosofías sobre la naturaleza humana Franklin debía haber encontrado bastante satisfactorias.

Capítulo 20 – David Hume

(1711-1776)

David Hume fue un filósofo, historiador y escritor de origen escocés cuyas obras sobre las materias del empirismo y el escepticismo llegarían a ser enormemente influyentes. Nacido en 1711 en una familia aristocrática llamada "Home", Hume creció en Edimburgo y fue criado principalmente por su madre tras la prematura muerte de su padre. Aunque su familia tenía un nombre respetable en Escocia, Hume tenía muy poco dinero de la familia con el que mantenerse y, por lo tanto, le quedó claro desde edad temprana que necesitaría cultivar una carrera profesional que le permitiera ganar dinero por sí mismo.

A una edad temprana, posiblemente entre los diez y doce años, Hume se unió a la Universidad de Edimburgo. La edad habitual de los nuevos estudiantes de la universidad en aquel momento era de catorce años, por lo que el historial académico de Hume antes de matricularse allí tuvo que ser bastante espectacular. De todas formas, Hume no era un estudiante entusiasta, creyendo que podía aprender las mismas materias de los libros y saltarse el patrocinio de los profesores universitarios. Habiendo dicho a su familia que se licenciaría en derecho, Hume descubrió su pasión por la literatura y la filosofía. Poco impresionado con la estructura de aprendizaje de la universidad, Hume se marcharía sin título alguno.

La idea de convertirse en abogado o político quedó atrás, Hume cambió el enfoque de su carrera para alinearse mejor con sus intereses personales. Decidido a hacerse un nombre en filosofía y en otras ciencias, David Home cambió la ortografía de su apellido escocés para que coincidiera con su pronunciación, esperando que esto lo convirtiera en más accesible en Inglaterra.

A los dieciocho años, Hume vivió una epifanía de la que nunca compartiría públicamente todos los detalles, pero le hizo dedicar los siguientes diez años de su vida a la lectura y la escritura. Se comprometió tan plenamente con este camino que se dice que su salud mental sufrió hasta el punto de estar próximo a sufrir un colapso mental. Según el propio filósofo, la enfermedad comenzó con un escalofrío de casi un año de duración, tras el cual desarrolló los reveladores signos del escorbuto. Un médico diagnosticó la condición de Hume como la "Enfermedad de los sabios", aunque es posible que lo dijese en broma.

El caso de Hume no sería ni el primero ni el último caso de enfermedad, tanto mental como física, que afectara a una persona cuya vida entera despierta pasara dentro de las páginas de los libros o se perdiera en los complejos asuntos del existencialismo. Esta condición, marcada por una profunda depresión, pondría la primera gran obra de Hume en peligro de quedar incompleta. Sin embargo, perseveró, y en 1739, publicó *Un tratado de la naturaleza humana*.

El libro introduciría a los europeos en algunas de las complejas teorías del autor sobre el estado mental y la realidad humana. En las páginas de su manuscrito, Hume argumenta que nuestros pensamientos se forman a partir de simples impresiones, lo que significa que todos nuestros datos cognitivos deben derivarse de nuestras propias experiencias a través de los sentidos. Hume reconoce, por lo tanto, que la idea científica del empirismo debe ser empleada para acomodar de una mejor manera el campo de la filosofía. El empirismo, en términos científicos, se refiere a una colección de datos obtenidos a través de experimentos e investigaciones; en filosofía, es un método de recolección de datos derivados de las experiencias sensoriales de los humanos. Es uno de los diversos puntos de vista de la epistemología, un campo que se esfuerza por separar las creencias comunes de las verdades reales.

Hume creía que la filosofía era una ciencia de la naturaleza humana, sujeta a las mismas reglas que las matemáticas o la biología. Intentó explicar cómo funciona la mente al recoger y compilar datos utilizando el método científico propuesto por Sir Isaac Newton. Finalmente, concluyó que no existía manera de construir un modelo teórico sólido de la realidad, ya que los únicos datos disponibles se basaban puramente en la experiencia humana, que puede estar fuera de la misma.

En *Una investigación sobre el entendimiento humano*, publicada en 1748, escribió:

> ¿Dónde estoy, o qué? ¿De qué causas se deriva mi existencia, y a qué condición debo regresar?... Me confundo con todas estas preguntas, y comienzo a imaginarme en la condición más deplorable imaginable, rodeado de la más profunda oscuridad, y totalmente privado del uso de cada miembro y facultad.
>
> Afortunadamente sucede que, como la razón es incapaz de disipar estas nubes, la naturaleza misma basta para ello y me cura de esta melancolía y delirio filosófico, ya sea relajando esta inclinación de la mente, ya sea por alguna avocación y viva impresión de mis sentidos, que borran todas estas quimeras. Ceno, juego al backgammon, converso y me divierto con mis amigos. Y cuando, después de tres o cuatro horas de diversión, vuelvo a estas especulaciones, parecen tan frías, tensas y ridículas, que no puedo encontrar en mi corazón la forma de entrar de nuevo en ellas.

Hume adoptó un enfoque antiteológico de la existencia de Dios, poniéndose en contra de los teólogos que dieron forma a la idea del diseño inteligente. En contra de las populares ideas de la época,

Hume argumentó que Dios es un concepto difícil que cada uno de nosotros elabora en su propia mente. Aunque reconocía que el grado de detalle y equilibrio demostrado por el universo físico era potencialmente indicativo de haber sido formado por un creador inteligente, insistía en que no existía ninguna evidencia sólida de Dios.

Comenzó a escribir su siguiente libro en 1755, pero no sería terminado y publicado hasta 1776. En este texto, titulado "*Diálogos sobre la religión natural*", Hume continúa con el tema de lo divino. Sin embargo, esta vez, en lugar de centrarse en la existencia o la falacia de Dios, Hume trata de eludir el asunto cambiándolo por el del mal.

El mal era un tema igualmente importante a cargo de las religiones organizadas de Europa, uno que se encontraba en el corazón de las Iglesias católica y protestante. Existían una serie de preguntas que Hume tuvo que resolver para determinar el papel del mal en el mundo y considerar lo que estas respuestas significaban acerca de la existencia de Dios en alguna forma. Primero, explicó que, sin Dios, o una figura del bien puro, el mal no podría existir. Siendo opuestos, uno requiere la existencia del otro. Otras preguntas importantes son, ¿es Dios incapaz de combatir el mal en el mundo? Además, si Dios está en contra de la existencia del mal y está dispuesto a combatirlo, entonces ¿por qué sigue existiendo el mal? Quizás, Dios no es realmente todopoderoso, como las iglesias quieren hacer creer a sus seguidores.

Las filosofías descritas en las obras maestras de Hume eran una clara afrenta a la variedad de sectas religiosas que habían surgido en Europa, siendo las Iglesias católica y protestante las más influyentes de ellas. Si Hume hubiera publicado su trabajo un siglo antes, no hay duda de que hubiera sido arrestado por la Inquisición católica y ejecutado finalmente por cuestionar la existencia de Dios y las palabras de la Biblia. Sin embargo, en el tumulto religioso que tuvo lugar entre la época de Galileo y Hume, las normas relativas a los escritos y a las enseñanzas propias estaban mucho menos claras. La Iglesia católica tenía menos poder del que había tenido antes, y aunque las Iglesias protestantes se habían vuelto menos flexibles en su propia doctrina, la Ilustración estaba llena de gente que cuestionaba las leyes religiosas; los líderes religiosos estaban empezando a entender que sus posiciones se habían vuelto menos seguras.

En Escocia e Inglaterra, la religión se encontraba experimentando una serie de cambios, al igual que sucedía con política de ambos países. Hume, por tanto, estaba extrañamente seguro en el extremo occidental de Europa mientras contemplaba los grandes problemas del mundo y la sociedad. La sociedad en la que vivía, sin embargo, se estaba desmoronando.

Capítulo 21 – Adam Smith

(1723-1790)

Adam Smith, conocido internacionalmente como el padre de la economía moderna y el principal partidario de las estrategias financieras de laissez-faire, fue un filósofo del siglo XVIII. Smith creció en Escocia en un momento en que el concepto de economía nacional se concentraba en el inventario de oro y plata de cada país. Los productos importados de ultramar se consideraban perjudiciales porque costaban dinero; los productos de exportación se consideraban financieramente productivos porque traían dinero a casa. A modo de ejemplo, las naciones conservaban una amplia red de controles legales para evitar la pérdida de ingresos percibida por las mercancías importadas, como gravámenes a la importación, subvenciones a los exportadores y protección a la industrial nacional.

Smith sugirió el concepto de una "mano invisible" en su primer libro, *Teoría de los sentimientos morales*, publicado en 1759. El término se refería al proceso natural de los mercados libres de controlarse a sí mismos mediante la rivalidad, la oferta y la demanda, y el interés propio. También es reconocido por su hipótesis de compensación diferencial, el modelo idealizado de Smith del libre mercado proporcionaba mayores salarios a los empleados en funciones peligrosas o indeseables. Esencialmente, Smith pensaba que si las personas eran libres de hacer negocios como quisieran, tanto a nivel internacional como nacional, la economía se dirigiría hacia la riqueza como si estuviera guiada por esa mano invisible, sin necesidad de una mano "real" en forma de monarca o de leyes. Cuando los individuos en tal sistema alcanzan a acuerdos entre sí, Smith teorizó que los fondos nacionales podrían utilizarse para lograr aquellos objetivos que los individuos consideraban más importantes.

En su manuscrito, Smith trata ampliamente la caridad y la ética natural mientras que al mismo tiempo se ayuda a conseguir el título no oficial de "Padre del capitalismo". Aunque gran parte de la filosofía económica de Smith se centra en el propio interés, *Teoría de los sentimientos morales* es también un tratado sobre cómo la comunicación entre las personas depende de la empatía. Los humanos simpatizan con los demás de una forma natural, escribió, y esto les ayuda a saber cómo su conducta puede ser moderada para preservar el equilibrio social. La empatía, que es la base de nuestros pensamientos y experiencias personales, según Smith, guía nuestro comportamiento. Escribió: "Por más egoísta que supuestamente sea un hombre, es evidente que existen algunos principios en su naturaleza que le hacen interesarse en la suerte de los demás y que favorecer su felicidad es interesante para él, aunque de ello no derive nada a excepción del placer de verla".[35]

Miembro de la intelectualidad británica, Adam Smith fue amigo cercano de otras figuras importantes de la Ilustración y la Revolución industrial, incluyendo a James Watt, inventor de la máquina de vapor, y el filósofo David Hume. Miembro activo de la coetánea República de las Letras, Smith se trasladó a Francia en 1763 para convertirse en tutor personal del hijastro de Charles Townshend, el futuro Ministro de Hacienda. Durante su estancia en Francia, Smith escribiría su libro más popular, *Una investigación sobre la naturaleza y las causas de la riqueza de las naciones*.

El libro explicaba el uso práctico de las revisadas hipótesis financieras para sustituir los sistemas de libre mercado por los mercantiles y fisiocráticos, estos últimos obsoletos durante el avance industrial de la época. El siglo XVIII fue, para Europa en particular, menos un mundo únicamente sostenido por las exportaciones y la agricultura y más un mundo en el que el comercio y la manufactura desempeñarían un importante papel.

Existían cinco secciones en las páginas de *La riqueza de las naciones*, en las que Smith abordaba por separado los amplios temas sobre la mano de obra, las acciones, la riqueza a largo plazo, el sistema económico-político y los impuestos bajo el gobierno de un monarca o líder soberano. Detallado y ambicioso sobre el potencial del futuro de Europa, el libro de Smith sorprendió a sus editores al agotarse en seis meses. *La riqueza de las naciones* sería ampliamente leída, o al menos se afirma que fue leída, por los miembros del Parlamento Británico, incluso inspirando al Primer Ministro Lord Frederick North a instaurar un impuesto sobre la venta de propiedades y otro sobre la servidumbre tal y como se describe en el libro.

Otros políticos, como Charles James Fox, mencionaron el libro durante los actos públicos, pero admitirían más tarde ante sus amigos que no habían entendido el contenido de *La riqueza de las naciones* y, por lo tanto, realmente no lo habían leído. No obstante, Smith sería convocado a reuniones con representantes políticos escoceses e ingleses para debatir teorías tributarias y posibles acuerdos comerciales, como los celebrados con Irlanda, por ejemplo.

En última instancia, los libros de Adam Smith ayudaron a poner en marcha un inmenso cambio de paradigma dentro de Europa, y luego en América, pasando de los sistemas económicos medievales al modelo del laissez-faire. El laissez-faire es un régimen financiero en el que las operaciones de negocios privados se mantienen separadas de

---

35 Smith, Adam. The Theory of
Moral Sentiments. 1759. [19] Rae,

las reglas y regulaciones del gobierno. Los defensores del laissez-faire afirman que el rey, el soberano o el gobierno del estado debe mantenerse completamente al margen de la economía. La idea de que el gobierno o el monarca deben mantenerse al margen de la toma de decisiones no es nueva; ya había sido sugerida anteriormente por Vincent de Gournay, un economista fisiócrata que creía que la agricultura no debía ser objeto de legislación.

Filosóficamente, la visión de Smith de la economía del laissez-faire iba de la mano de las ideas de libertad individual que caracterizaron a la Ilustración. Mientras que las personas perseguían un acceso igualitario a la educación, los empleos y las oportunidades sin el tradicional enredo de pedigríes sociales y cartas reales, los hombres de negocios querían la misma libertad para crear empresas y ganar tanto dinero como fuera posible. Las posibilidades parecían infinitas para la recién surgida clase liberal de Europa, si tan solo pudieran salir del yugo del régimen y las regulaciones. En lo que respecta a Adam Smith, el hecho de disponer de todo tipo de libertades individuales, incluidas las que afectaran a los hombres de negocios, redundaría en beneficios para todo el mundo.

A medida que Escocia, Gran Bretaña y sus vecinos se adentraban en el siglo XIX, las enseñanzas económicas de Adam Smith cambiarían fundamentalmente no solo la forma de hacer negocios, sino también en la que las naciones contaban sus riquezas acumuladas. Durante la Edad Media, los países europeos comparaban estas según sus propias reservas de oro, plata y piedras preciosas, sin embargo, de acuerdo a la opinión de Smith, se transformó en una medida de la riqueza nacional directamente relacionada con la fabricación y el comercio. El cambio culminó con el establecimiento del Producto Interior Bruto, o PIB: una medida por la que se representa el valor de mercado de todos los bienes y servicios producidos en un país.

John. Life of Adam Smith. 1895.

Los libros y las relaciones políticas de Adam Smith instaron a Europa a entrar en la era capitalista moderna, basándose en la creencia de que unas empresas independientes no solo se abastecerían a sí mismas sino también al resto de la población.

Capítulo 22– La Fiesta del Té de Boston

(1773)

A pesar de que el Imperio Británico era inmenso en tamaño y recursos, Gran Bretaña estaba fuertemente endeudada en la década de 1760. Desesperado por encontrar algún modo de llenar sus arcas, el Parlamento Británico ideó un nuevo plan de impuestos del que se esperaba que cubriera los costes exagerados de la continua guerra, del colonialismo y de un anticuado modelo económico. Uno de los principales preceptos del plan consistía en un incremento de los impuestos sobre el té importado en las colonias americanas.

El gobierno británico y el rey Jorge III consideraban que estas contribuciones eran perfectamente justas, dado que un gran porcentaje de la deuda de su reino estaba provocada por el hecho de que los colonos americanos habían contribuido a someter a las tribus nativas durante la guerra entre los franceses y los indios, un conflicto librado como parte de la guerra de los Siete Años. Esto significaba que había sido luchada más en beneficio de los británicos que de los colonos. Por su lado, los colonos, lo sentían de una forma muy diferente, en particular porque ya se les prohibía comprar té a cualquiera que no fuera la Compañía británica de las Indias

Orientales. También creían que, como súbditos británicos, tenían derecho a recibir el pleno apoyo del parlamento británico y del ejército británico sin tener que sufrir una fiscalidad cada vez mayor.

Los nuevos impuestos incluían a la Ley del Sello de 1765 y las Leyes de Townshend, que incrementaban los precios que los colonos americanos tenían que pagar por artículos como periódicos, papel, materiales de construcción, espejos, fruta y té. Aunque varios de estos impuestos serían más tarde suprimidos a raíz de las duras críticas y protestas de los colonos, el lucrativo impuesto sobre el té se mantuvo. Los colonos compraban millones de libras esterlinas de té cada año, así que, aunque este impuesto costaba mucho a los colonos, era increíblemente rentable para Gran Bretaña. La monarquía no estaba dispuesta a renunciar a un trato tan lucrativo cuando más se necesitaba, y de esa forma comenzaría la primera protesta que conduciría a la guerra de Independencia americana.

El 16 de diciembre de 1773, un grupo de colonos en Griffin's Wharf, Massachusetts, decidió que ya había pagado los suficiente a la corona británica. Sería un punto de inflexión para muchos ciudadanos de las colonias británicas americanas furiosas por la imposición de tributos sin que Gran Bretaña permitiera a los funcionarios americanos servir en el Parlamento Británico. Decididos a no gastar una moneda más en impuestos de la corona, los manifestantes llevaron 342 recipientes de té, con un peso un total aproximado de 9.000 kilogramos, desde la Compañía británica de las Indias Orientales hasta el puerto.[36] En el grupo se encontraban Benedict Arnold y Paul Revere, que habían orquestado reuniones en las que tanto ellos como otros miembros del grupo denunciaban al dominio británico.

Los colonos ya habían boicoteado el té enviado a sus puertos por los británicos, al optar en cambio por el contrabando de té holandés asequible para abastecer sus despensas. Al perder millones de libras de ingresos y al haberse desperdiciado cantidades de tan preciado

---

36 "Boston Tea Party". History. Web. 2019.

producto en el océano Atlántico durante lo que pronto se denominó la Fiesta del té de Boston, el Parlamento Británico decidió aprobar las Leyes Intolerables en 1774.

Las Leyes Intolerables consistían en una variedad de normas diseñadas para eliminar el autogobierno y las libertades de Massachusetts, causando mayores disturbios y oposición en las trece colonias. El parlamento británico esperaba que estas punitivas políticas contrarrestaran la tendencia a la protesta colonial, pero tendrían el efecto contrario. La ley de Quebec, añadida por separado a la nueva legislación impuesta a las colonias, cambiaría la frontera de la colonia británica de Quebec para incluir a Ohio y a otros estados modernos del Medio Oeste. El hecho de que se otorgaran algunas de sus tierras a las colonias canadienses se trató simplemente de un castigo añadido a las colonias americanas.

Desafiantes tras su rebelión y sus castigos, los Hijos de la Libertad formaron un grupo escindido conocido como los Patriotas, y se unieron para organizar su propio órgano de gobierno. Una conferencia de delegados de doce de las trece colonias británicas que un día se convertirían en los Estados Unidos de América estableció el Primer Congreso Continental. Se reunió en Filadelfia, Pensilvania, del 5 de septiembre al 26 de octubre de 1774. Los participantes fueron elegidos por el pueblo de su región o por comités locales. Aunque no todos los asistentes tenían la misma opinión sobre cómo manejar la situación, finalmente, acordarían un curso de acción. Los congresistas pactaron apoyar el boicot de los productos británicos, pero no una demanda de independencia total. Después de todo, todavía existía un alto nivel de lealtad a la corona británica durante esos años en las colonias americanas. Sin embargo, lo único que necesitaban para comenzar a solicitar una república era un empujón en la dirección correcta, y las personas adecuadas para el trabajo ya estaban trabajando duro.

Capítulo 23 – Thomas Paine

(1737-1809)

Thomas Paine, nacido en Inglaterra en 1737, emigró a América y se convirtió en un activista político, filósofo y revolucionario. Habiendo mantenido correspondencia frecuente con Benjamín Franklin a través de la República de las Letras, Paine decidiría convertirse en americano y participar en la próxima Guerra de Independencia. Llegó al otro lado del Océano Atlántico justo un año antes del estallido de la guerra a la edad de 37 años.

Una vez asentado en las colonias americanas británicas, Paine escribió un ensayo llamado *Sentido común*, que se convirtió rápidamente en la obra literaria más popular de las colonias. En un intento de sentar las bases para un gobierno republicano en las mismas, Paine se refería principalmente a diversos conceptos de la Ilustración como el "estado natural", escrito por John Locke. Aunque el estado natural de la humanidad era el de unirse en pequeños grupos pacíficos, Paine dijo que cuantas más personas juntas haya, existe una mayor probabilidad que el mal se presente en la sociedad, ya que, según el autor, el mal era inherente a la humanidad y siempre se encontraría ahí bajo la superficie. Para prevenirlo, *Sentido Común* abogaba consecuentemente por un gobierno sensato capaz de frenarlo.

En cuanto al sistema monárquico impuesto a las colonias americanas británicas desde la distancia, Paine sostenía que tales monarquías despojan a la humanidad de sus derechos naturales a la libertad y la igualdad. Las diferencias sociales entre los reyes y sus súbditos, creía Paine, se basaban enteramente en falsas creencias sobre la santidad de las familias reales. En esta premisa Paine se diferenciaba de Locke, que creía en una monarquía constitucional. Paine abogaba por un sistema de gobierno en el que no existiera ningún monarca, ya que la tendencia de cualquier rey o reina es la de recuperar su poder, con independencia de lo que diga la ley.

Dado el estado contemporáneo de las relaciones entre los colonos y los británicos, Paine escribió que el mejor curso de acción sería declarar la independencia por el pueblo y crear un nuevo tipo de gobierno. Su visión culminaba con el establecimiento de la Conferencia Continental, que acogería a siete representantes elegidos de entre cada una de las colonias británicas americanas existentes, con el mismo método que podría utilizarse para elegir a los miembros de un congreso gobernante.

Cuando llegó por primera vez a las colonias, Paine descubrió que mucha gente todavía tenía en alta estima a la corona británica, entonces en manos del rey Jorge III, pero sus escritos y sus redes de contactos consiguieron que muchos de ellos se inclinaran hacia la promesa de independencia. El momento de la publicación de *Sentido común* fue ideal para el debate entre los colonos sobre si buscar la independencia por ellos mismos, dado que la proclamación de la rebelión real había llegado a América al mismo tiempo.

El ensayo fue muy efectivo debido a la maravillosa estrategia de marketing de Paine. Con la primera versión, publicada aproximadamente al mismo tiempo que el anuncio del rey Jorge III sobre las ideas de los colonos, buscó oponerse al poderoso gesto monárquico con el altamente antimonárquico *Sentido común*.

En su libro, La edad de la razón: una investigación sobre la verdadera y fabulosa teología, publicado por primera vez en 1794 y cuya última parte se publicaría en 1807, Thomas Paine escribió los siguientes pasajes, en los que se preocupaba de cómo el fanatismo religioso podría tener un impacto negativo en el futuro de los colonos.

La gente en general no conoce cuanta maldad existe en esta supuesta palabra de Dios. Criados en hábitos de superstición, dan por sentado que la Biblia es verdadera y que es buena; no se permiten dudar de ella y adoptan las ideas que forman sobre la benevolencia del Todopoderoso al libro que se les ha enseñado a creer que fue escrito por su autoridad. ¡Cielos! Es otra cosa, es un libro de mentiras, maldad y blasfemia...

Sea como fuere, decidieron por votación cuál de los libros de la colección que habían hecho, debía ser la PALABRA DE DIOS, y cuál no. Rechazaron varios; votaron sobre otros cuestionables, como los libros llamados Apócrifos; y aquellos libros que hubieran conseguido una mayoría de votos, serían los elegidos para convertirse en la palabra de Dios. Si hubiesen votado de otra manera, todo el pueblo, desde que se llaman a sí mismos cristianos, hubieran creído de otra forma; porque la creencia de lo uno proviene del voto de lo otro.

Paine se consideraba a sí mismo como el principal ciudadano americano, pero su nacimiento en Inglaterra le causó problemas en diversas ocasiones durante su visita a Francia. Sin embargo, perseveró en la búsqueda de apoyo financiero para la guerra de Independencia americana y regresaría a América en agosto de 1781 con una gran cantidad de oro. Aunque en la documentación de este viaje los escasean los detalles, los historiadores opinan por lo general que Paine viajó a Francia gracias a una idea de Benjamin Franklin. Lo más probable es que se encontrara con el rey francés cara a cara, lo que sí es conocido que la carga de Paine sería muy apreciada en los Estados Unidos.

En un posterior viaje Francia durante el terror de París, Paine fue arrestado una vez más. Culpó al general americano George Washington por conspirar para meterlo en prisión, y escribió un mordaz tratado sobre el asunto. Al ser liberado, viajó entre Inglaterra, Francia y América varias veces, volviendo finalmente a esta última en los primeros años del siglo XIX. Aunque Thomas Paine había sido de gran importancia para el diseño y la forma de la Revolución americana, había perdido toda la popularidad debido a sus continuas discusiones políticas con hombres como George Washington.

Cuando falleció en 1809 en Nueva York, solo seis personas acudirían al funeral de Thomas Paine.[37]

---

37 "Thomas Paine". USHistory.org. Web.

Capítulo 24 – La Revolución americana

(1776-1783)

Gracias a la República de las Letras y a los frecuentes viajes a través del océano Atlántico, la Ilustración se desarrollaría en Europa y en América casi al mismo tiempo, y alcanzó su punto culminante en el siglo XVIII. En los Estados Unidos, intelectuales como Thomas Paine, Thomas Jefferson y Benjamín Franklin se tomaron muy en serio las ideas de sus homólogos europeos, lo que tuvo un gran impacto en el futuro de su propio país. La Revolución americana de finales del siglo XVIII sucedió poco antes de la Revolución francesa, y ambas supusieron la modernización de la ciencia, la lógica, la política y la religión.

La Ilustración americana apoyó además el concepto del país como una república, algo que sería revolucionario por sí mismo en era en que los monarcas gobernaban las naciones europeas. Los pensadores de la Ilustración Americana imaginaron un sistema en el que el jefe de estado sería elegido popularmente, no designado por los méritos hereditarios. Los colonos y los residentes en las colonias nacidos en América creían más a medida que pasaba el tiempo que la suya debía ser una nación independiente de Gran Bretaña; muchos consideraban igualmente que esta última era un imperio nocivo. Para separarse de sus supuestos opresores, las diversas comunidades de los Estados Unidos reunieron ejércitos, llegando a unir algunos de ellos bajo la bandera del Ejército Continental Americano. Estas fuerzas armadas estaban dirigidas por el General George Washington.

El Ejército Continental se unió de forma oficial en 1775, y Washington, tras ser elegido su líder por sus pares, mostró su compromiso con la causa al negarse a cobrar un salario. Poco después, Washington se dirigió a Boston en respuesta a las revueltas americanas. La Fiesta del té de Boston había sido celebrada allí hacía menos de dos años, y el mismo lugar iba a ser en el que estallaría finalmente la guerra revolucionaria americana.

En el invierno de 1775, el congreso ordenó al ejército que llevara a cabo una invasión de las regiones del norte de la Norteamérica británica ese mismo verano, pero Washington no estaba de acuerdo con el plan. Sin embargo, Benedict Arnold, patriota e hijo de la libertad, lideró el ataque. Habiendo entrado en el Ejército Continental inmediatamente después de su creación, Arnold ya había participado en una operación militar conjunta en la que los revolucionarios americanos se habían apoderado de la guarnición británica en del fuerte Ticonderoga en Nueva York. Fue la primera victoria de la guerra revolucionaria.

Québec, en poder de los defensores británicos, rechazó a los invasores americanos y redujo a la mitad el número de soldados atacantes. El plan fue rápidamente abandonado en favor de fortificar las regiones del sur, y los canadienses, aún a un siglo de estar unidos bajo su propio acuerdo de confederación, eligieron bando como les pareció. Sin embargo, en última instancia, Quebec y el resto de las colonias del norte permanecieron leales a la Corona Británica.

Durante la Revolución Americana, Thomas Jefferson sirvió como gobernador de Virginia. Un día, entre 1801 y 1809 sería el presidente de los Estados Unidos, pero antes de asumir ese prestigioso papel, tendría un papel fundamental en las creencias y el éxito de los revolucionarios americanos. Aunque fue considerado un importante portavoz de la democracia y el republicanismo en la época de la Ilustración, su situación personal, considerando su gran cantidad de esclavos trabajando en sus plantaciones, ha sido criticada por contemporáneos e historiadores.

Jefferson sería el principal autor de la Declaración de Independencia, redactada como documento político fundamental de los recién nacidos Estados Unidos de América. Aunque el Congreso editó la versión final del documento, Thomas Jefferson aportaría gran parte del contenido social y político incluido. En junio de 1776, poco más de un año después del comienzo de la guerra, escogería sus palabras para la Declaración de Independencia, capitalizando los viejos deseos de los colonos acerca de la emancipación de Gran Bretaña. Sería influenciado por las luminosas tesis de Locke y Montesquieu, así como por John Adams, un influyente miembro del congreso.

Los ideales de la Ilustración se encontraban en las raíces de muchos de los conceptos de la Revolución americana. Los rebeldes en busca de soberanía formaron un grupo cuyos objetivos estaban centrados en la libertad de expresión, la igualdad, la libertad de prensa y la tolerancia religiosa. Cuando Jefferson reveló su trabajo sobre la Declaración de Independencia a sus compañeros rebeldes, sus palabras se hicieron famosas casi al instante:

> Sostenemos que estas verdades son evidentes: que todos los hombres son creados iguales; que son dotados por su creador de derechos inherentes y de ciertos derechos inalienables; que entre ellos se encuentran la vida, la libertad y la búsqueda de la felicidad. Que, para asegurar estos derechos, se instituyen entre los hombres los gobiernos, que derivan sus justos poderes del consentimiento de los gobernados, Que siempre que cualquier forma de gobierno se vuelve destructiva de estos fines, es derecho del pueblo a modificarla o abolirla, e instituir un nuevo gobierno, fundamentándose en tales principios, y organizando sus

poderes en la forma que a ellos les parezca lo más adecuado para lograr su seguridad y felicidad.[38]

---

[38] Transcripción del borrador de la Declaración. Thomas Jefferson Foundation.

Capítulo 25 – François-Marie Arouet (Voltaire)

(1789-1799)

Debido a una economía en declive que les mantenía hambrientos, congelados e incapaces de cuidarse a sí mismos y a sus familiares, a finales del siglo XVIII, el pueblo francés no estaba dispuesto a soportar más abusos. El rey Luis XV había endeudado al país, lo cual repercutiría a su nieto, el rey Luis XVI, siendo este incapaz de adoptar las modificaciones necesarias en la legislación fiscal para abordar tal asunto. Lo que el pueblo había empezado a comprender era que tenía la capacidad de tomar decisiones sobre el estado y de disfrutar de las libertades personales, lo que tomaría forma gracias a las filosofías de la Ilustración.

Uno de los más importantes entre estos filósofos sería François-Marie Arouet, más conocido como Voltaire. Voltaire nació en 1694 y publicó obras en casi todas las formas literarias, incluyendo poemas, ensayos y novelas, y escribió sobre temas científicos, gubernamentales y sobre las libertades civiles hasta su muerte en 1778. Como francés defensor de un gobierno del pueblo, sus opiniones serían muy controvertidas en la época, tanto que fue desterrado a Inglaterra en 1726 debido a sus ideas. Bajo el reinado del rey Jorge I de Inglaterra, sucedido poco después por el rey Jorge II y por el Primer Ministro Robert Walpole, estudió la monarquía constitucional considerando que su país carecía de filosofía política.

Voltaire escribió:

> He querido suicidarme cien veces, pero de alguna manera todavía estoy enamorado de la vida. Esta ridícula debilidad es quizás una de nuestras más estúpidas propensiones melancólicas, porque ¿hay algo más estúpido que estar ansioso por seguir llevando una carga que uno con gusto despreciaría, odiar su propio ser y sin embargo mantenerlo firme, acariciar la serpiente que nos devora hasta que se ha comido nuestros corazones? [39]

Voltaire pensaba que el futuro de Francia dependía de la remoción de los sacerdotes y de los privilegios de la nobleza. Veía de primera mano la monarquía constitucional de Inglaterra y cómo funcionaba, y le motivaba la forma en que permitía a su pueblo una existencia espiritual y civil más libre. Mientras que las clases aristocráticas en Francia permanecían libres de pagar impuestos, la nobleza de Inglaterra aportaba a las arcas de su nación para que, en particular, la gente común, tuviera unas mayores atenciones. Voltaire describió las muchas de las formas en que pensaba que Francia podía mejorar siguiendo el ejemplo de Inglaterra en una colección llamada *Cartas sobre los ingleses*, que se publicó para el público francés.

La serie de ensayos representaba a Inglaterra de forma halagüeña y, por lo tanto, se le consideró altamente ofensiva para la monarquía francesa. La obra de Voltaire describe a los cuáqueros, los presbiterianos, la Iglesia de Inglaterra, los arianos, el parlamento, el gobierno, el comercio, la salud, la ciencia, las matemáticas, y a un número de personas muy conocidas en Inglaterra.

Comparando el fuerte catolicismo francés de su propio país con la liberal actitud de los cuáqueros, Voltaire descubrió que les hacía un favor a estos últimos. Los cuáqueros se reunían con frecuencia para discutir cuestiones intelectuales y no se bautizaban ni se les pedía que comulgaran. El escritor francés también apreciaba la religión anglicana, desarrollada por el rey de Inglaterra Enrique VIII en el siglo XVI, aunque no estaba de acuerdo con el hecho que de existieran todavía muchas partes del catolicismo presentes en tal religión.

Las filosofías de Voltaire estaban principalmente centradas en la religión, pero serían sus ideas parlamentarias y sobre la fiscalidad las que tuvieran una mayor influencia en la clase media de Francia. En Inglaterra, los legisladores eran un gran grupo de hombres cuyo objetivo era debatir los problemas de la época y llegar a un acuerdo con el rey gobernante. Los impuestos, desarrollados de forma permanente durante cientos de años, estaban destinados a ser utilizados para el bien del país. Además, la monarquía constitucional había sido concebida para acumular y distribuir razonablemente tales ingresos, y no simplemente para entregárselos al monarca y a la aristocracia.

Los pensamientos del filósofo inglés John Locke quizás fueran los más importantes de todos para Voltaire. Algunos nombran a Locke como "el padre del liberalismo", aunque otros le llaman el hombre que creó el empirismo europeo. Se trataba de un pensador lógico que confiaba en el desarrollo de teorías basadas en información empírica o relevante, incluyendo desde asuntos de estado hasta la fe y la ciencia. Este era un concepto poco común para los individuos que habían sido gobernados bajo el poder de los reyes franceses y del clero desde que nacieron. Era incluso un poco loco y revolucionario pensar que los individuos pudieran tener la capacidad y la libertad de creer en sus propias versiones de la verdad y leer las fuentes materiales por sí mismos.

---

39 Voltaire.
Cándido.
1759.

Voltaire se encontraba interesado no solo en la filosofía sino también en la ciencia dura. Leyó los libros de Newton sobre las leyes naturales y comenzó a imaginar qué tipo de leyes naturales podrían regir el orden social de la humanidad. Voltaire tampoco estaba solo en sus estudios; estudió y filosofó con la ayuda de Émilie du Châtelet, su antigua pareja sentimental.

Émilie du Châtelet fue una mujer cuyo intelecto pudo florecer durante la Ilustración gracias a su pasado aristocrático. Conocida por su encanto e ingenio, du Châtelet se abrió camino en los círculos científicos de París, convirtiéndose en la bien conocida amante de Voltaire. Al igual que este, Châtelet era una filósofa natural pero también una entusiasta matemática. A la edad de diecinueve años, se casó con el Marqués Florent-Claude du Chastelet-Lomont, y consiguió el dinero y la libertad para contratar a una serie de tutores que le ayudarían a aprender las complejidades de las formas superiores de las matemáticas. Estuvo casada durante la totalidad de su relación con Voltaire, aunque esto no fuera nada extraño en la Francia del siglo XVII.

Du Châtelet fue expulsada a menudo de los famosos salones y cafés de París cuando intentaba unirse en su interior a las discusiones intelectuales de los hombres, pero no dejó que ese trato sexista e injusto la disuadiera de sus objetivos. Al menos en una ocasión, se limitó a buscar un conjunto de ropa de hombre disfrazándose antes de unirse a una tertulia de café. Estos sucesos le inspiraron a estudiar todavía más duro para lograr la misma educación que tenían sus amigos y familiares masculinos en esa época.

Deseosa de poner en práctica sus habilidades en filosofía natural y matemáticas, Châtelet se propuso la gran tarea de traducir los *Principios* de Isaac Newton al francés, su lengua materna. Du Châtelet escribió a menudo sobre ciencias físicas, mientras que Voltaire preferiría criticar las clases sociales y las religiones. Ambos contribuyeron a generar muchos debates y trabajos importantes que no solo difundirían el conocimiento de la ciencia por toda Francia, sino que igualmente reforzaron la creciente creencia de que el país debería facultar a sus propios ciudadanos para tener más control sobre sus vidas y sobre este mismo.

Antes de la Revolución francesa, Voltaire, du Châtelet, Locke, Newton, Montesquieu, y muchos de sus colegas de la Ilustración ya habían muerto, pero la amplia aceptación de sus ideas sobre la reforma, la pobreza y la religión había sido fundamental para el cuerpo central del movimiento de la Ilustración. Estas filosofías sobre los derechos individuales y acerca un gobierno compuesto por un grupo de personas fueron fundamentales para cambiar la corriente en Francia. Varios otros filósofos trabajaban en el país y en otras partes de Europa, haciéndose eco de los sentimientos de Voltaire. Sus teorías ayudaron a reformar de forma irrefrenable Francia, Europa y el Nuevo Mundo, cultivando una rebelión masiva que vería el derrocamiento de la monarquía francesa y la implantación de la primera república en el reino.

Capítulo 25 – Mary Somerville

(1780-1872)

Mary Somerville fue la segunda hija de cuatro hijos supervivientes de una familia educada pero pobre de Escocia. Su padre trabajaba en la Marina Real, pero su sueldo seguía siendo bajo a pesar de sus diversos ascensos en el escalafón. La madre de Mary hizo lo que pudo para incrementar los ingresos de la familia vendiendo verduras y leche de vaca. Estas mismas tareas le serían enseñadas desde el principio a Mary y a sus hermanos Había poco tiempo para la educación, y en lo que respecta a los padres de la niña, su hija no necesitaba más de qué preocuparse que sobre la lectura, la escritura, las sumas básicas y las tareas domésticas. María aprendió a leer de su madre, que enseñaba utilizando la Biblia y otros textos calvinistas.

La lectura era el pasatiempo favorito de Mary, además de jugar al aire libre con los pájaros, y más tarde comentaría en sus memorias que cuando hacía mal tiempo aprovechaba la oportunidad de leer que le ofrecía la bien surtida biblioteca familiar. Después de todo, pocas tareas al exterior se pueden realizar durante una tormenta. Desafortunadamente, pronto saldría de la biblioteca para asistir a clases de costura en el pueblo, ya que se esperaba de ella que se convirtiera una muestra de bordado. Esta interrupción de sus sesiones de lectura fomentó el desagrado por el papel tradicional de la mujer en sus primeros años de vida. Se preguntaba por qué se le daría a una chica la curiosidad natural de aprender si no se le iba a permitir acceder a los conocimientos que más le interesaban.

El primer marido de Mary, su primo lejano, el teniente Samuel Greig (no confundir con el almirante Samuel Greig, su padre), no pensaba que hubiera ninguna razón para que una mujer siguiera estudios académicos. Se le permitió estudiar, pero su principal trabajo fue el de cuidar de sus dos hijos. Greig murió en 1807, tras lo que Mary y los niños volvieron a la casa de su familia en Escocia.[40] Allí estudió y conoció al hombre que se convertiría en su segundo marido: William Somerville.

William Somerville fue un médico del ejército que apoyó y respetó el intelecto de su esposa. Cuando William fue nombrado miembro de la Sociedad Real de Londres, tanto él como Mary se beneficiaron de una visión más cercana al mundo de la ciencia. Ambos, Mary y William, quedaron extasiados con las ciencias de vanguardia de la época. Sus amigos incluyeron a astrónomos, filósofos y científicos, y a menudo se reunían con destacados matemáticos y físicos europeos que visitaban Londres. La pareja viajaba a menudo y cultivó un círculo social personal de muy reputados científicos en Londres, París y más lugares. Todas estas personas se reunían regularmente, y muchos mantendrían correspondencia mediante la República de las Letras.

Gracias a su red de contactos, Mary Somerville sería invitada a traducir el libro de Pierre-Simon Laplace, *Mecánica Celeste*, al inglés. Laplace era un ingeniero y matemático francés cuyo libro transformó la ingeniería clásica desde una aproximación centrada en la geometría a una basada en el cálculo. Una vez completa la traducción por Somerville en 1831, el trabajo fue titulado de nuevo "*El Mecanismo de los cielos*". Se convertiría un éxito instantáneo en términos de copias vendidas y aclamación de la crítica. Somerville abordó con

---

[40] Martha Somerville. Personal Recollections, from Early Life to Old Age, of Mary Somerville: With Selections from Her Correspondence. 1874.

éxito muchas otras traducciones dentro de la comunidad científica, que mejoraron enormemente el flujo de información entre los distintos países de Europa. Su reputación entre los científicos nacionales y extranjeros era muy positiva, aunque nada la hacía destacar entre ellos como colegas como diseñar y dirigir su propio experimento científico.

Mary no solo sería inspirada por los científicos, sino que sería una por derecho propio. Mientras su marido practicaba la medicina y se mantenía al día de los descubrimientos contemporáneos de la medicina, Mary realizaba experimentos y los documentaba cuidadosamente. De hecho, presentaría su primera publicación científica, *Las propiedades magnéticas de los rayos violetas del espectro solar*, a la Real Academia en 1826.[41] La luz ultravioleta era una cuestión muy popular en la Inglaterra del siglo XIX, y se debatía habitualmente en la Sociedad Real. Mary diseñaría sus propios experimentos para probar la muy discutida hipótesis de que la luz ultravioleta podía magnetizar otros objetos.

Mary Somerville fue una de las primeras mujeres admitidas en la Sociedad de Londres debido a sus méritos como científica, aunque irónicamente, no se le permitiría leer su trabajo de investigación este grupo compuesto exclusivamente por hombres. Visitó junto a William el prestigioso club en 1834 para presentar su investigación al club, con este leyendo la publicación en su lugar. Por muy degradante que fuera, sería la investigación de Somerville la que llevaría al filósofo inglés William Whewell a acuñar el término "científico" en su revisión de 1834 de uno de los trabajos de Mary.[42]

El experimento que el marido de Mary describió a la Sociedad Real fue diseñado para probar las propiedades magnéticas teóricas de la luz ultravioleta. Primero, a través de un prisma de cristal, enfocó un rayo de luz para separar la luz blanca en sus siete componentes: rojo,

---

41 Lindemann, Kate. "Mary Fairfax Grieg Somerville". Society for the Study of Women Philosophers. Web.
42 Whewell, William. "On the Connexion of the Physical Sciences. By Mrs. Somerville". Quarterly Review vol. LI, no. CI, March 1834.

naranja, amarillo, verde, azul, índigo y violeta. A continuación, concentró la luz violeta en una aguja de acero para traspasar cualquier intrínseca característica magnética al metal. La aguja se colocó en una bandeja para verificar si apuntaba al norte polar probando su magnetismo. Sus pruebas mostraron que, tras la exposición a la luz violeta, las agujas experimentales adquirieron propiedades magnéticas.

La escritura sería una pasión de Somerville, y tenía talento para abordar temas científicos complicados presentándolos de una forma que cualquier lector pudiera entender. Su libro de 1848 *Geografía física* no solo fue el primer libro de geografía en inglés, sino que también se mantuvo como el principal texto para los estudiantes hasta principios del siglo XX. La obra explica las estructuras de la tierra y del agua, pero también la conformación aparente del sistema solar. Todo, desde las características físicas de los lagos y ríos hasta la posición de la Tierra en relación con sus vecinos planetarios, estaba comprendido. Somerville recibiría la Medalla de Oro Victoria de la Sociedad Real de Geógrafos por su contribución en el campo.

Epílogo

Las principales aportaciones del período de la Ilustración en Europa y América del Norte consistieron en la búsqueda de un método científico riguroso y modernizado, la paz entre los grupos religiosos y la separación de los asuntos de la iglesia y el estado. También implicó de forma clara a una gran cantidad de mujeres que clamaban ser tomadas en serio como seres humanos mucho más capacitadas que para aquello a lo que se les permitía aspirar.

La urgente llamada hacia su enfoque reglamentado y controlado durante la Ilustración tendría un gran impacto en la ciencia moderna. Los científicos internacionales modernos, a nivel internacional, utilizan el método científico, en el que recogen pruebas medibles a través de la experimentación. La evidencia es contrastada y comparada con la hipótesis previa del científico, y los resultados son usados para apoyar o negar su teoría.

El mismo método se enseña a los jóvenes estudiantes en la escuela cuando se les encomienda la tarea de diseñar un experimento o proyecto científico. Los niños proponen en primer lugar, una cuestión a comprobar, como, "¿Qué pasa cuando un volcán tiene una erupción?". Luego, escriben su propia hipótesis sobre cuál podría ser la respuesta. A través de la investigación y la experimentación, aprenden cómo sus expectativas difieren o son similares a la realidad.

En términos religiosos, la Ilustración vería el nacimiento de multitud sectas religiosas diversas, en su mayoría basadas en el cristianismo, aunque todas ellas luchando por su autonomía. Como resultado del filosofar contemporáneo y de los muchos puntos de vista sobre la teología, las personas pudieron explorar lo que sus propias mentes les decían acerca de la verdad de Dios y la religión. A medida que más y más personas buscaron la verdad personal en su relación con la Iglesia, aparecieron más tipos de cristianismo. Estos fueron forzados a forjar alianzas entre sí, primero en contra de la Iglesia católica y pronto en contra de los demás hasta que se les permitiría a todos continuar sin ser juzgadas.

En cuanto a las mujeres de la época, sus palabras son tan emotivas actualmente como siempre lo fueron. Fue gracias al trabajo duro y a la dedicación de mujeres como Mary Somerville, Bathsua Makin y Marie du Moulin que las mujeres de hoy en día se educan junto a los hombres y pueden seguir carreras en muchos campos diferentes. El largo camino hacia la igualdad, entre los sexos y los sistemas de creencias, continúa avanzando.

Vea más libros escritos por Captivating History

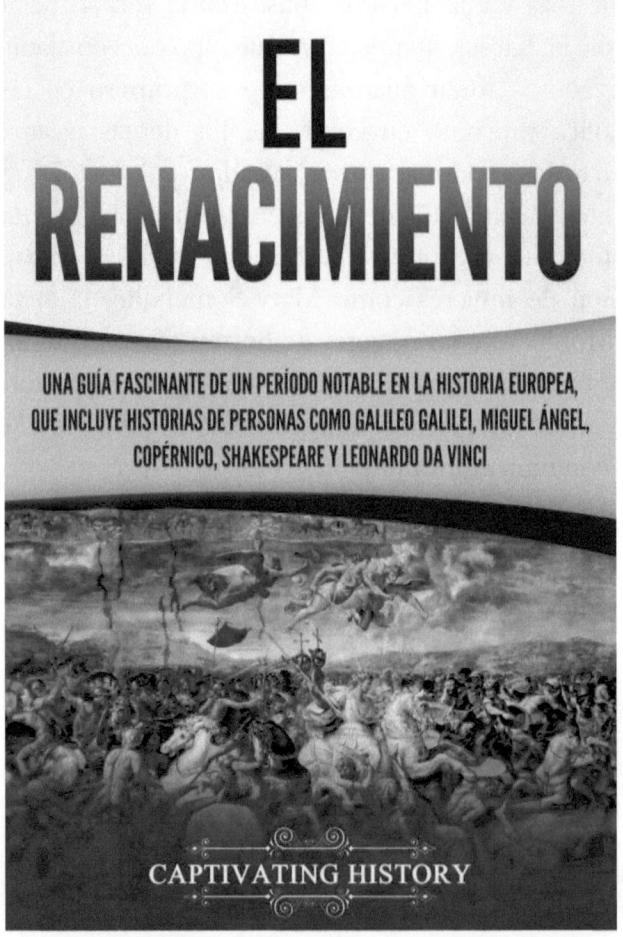

www.ingramcontent.com/pod-product-compliance
Lightning Source LLC
LaVergne TN
LVHW041641060526
838200LV00040B/1665